Aprende a conocer tu piel

Para tenerla sana y guapa

por el Dr. Julián Conejo-Mir Sánchez

Guías prácticas de  13

© 2009, del prólogo, Manuel Torreiglesias
© 2009, Julián Conejo-Mir Sánchez
© 2009, RTVE del programa *Saber Vivir*
© De esta edición:
2009, Santillana Ediciones Generales, S. L.
Torrelaguna, 60. 28043 Madrid
Teléfono 91 744 90 60
Telefax 91 744 90 93
www.aguilar.es
aguilar@santillana.es

Diseño de cubierta: Más!Gráfica
Serie coordinada por Teresa Migoya
Ilustraciones de interiores: Pablo Espada

Primera edición: enero de 2009

ISBN: 978-84-03-09909-8
Depósito legal: M-55.963-2008
Impreso en España por Palgraphic, S. A., Humanes (Madrid)
Printed in Spain

Índice

El termostato de nuestra salud

Esta nueva *Guía práctica de Saber Vivir* sobre la piel le ha salido provechosa y fascinante al catedrático Conejo-Mir. A estudiarla y sanarla ha dedicado toda su vida. A cuidarla y a amarla nos comprometeremos, seguro, quienes hagamos nuestro, leyéndolo con calma, así lo ha escrito él, este amoroso homenaje al órgano quizá más generoso del cuerpo humano, del que tan poco sabemos.

La piel tiene dos metros cuadrados y nos regala infinidad de servicios imprescindibles para nuestra salud. Los cuenta con chispa y viveza este eminente dermatólogo sevillano. Sólo destaco uno en esta agradecidísima presentación. Y para hacerlo empleo la atinada expresión de Paul Valéry, que popularizó Milan Kundera «lo más profundo es la piel».

Es nuestra fachada, nuestras paredes en blanco, amarillo, negro o mulato. Y cuando en el sitio más íntimo del complejísimo metabolismo humano aparece un fallo, una desarmonía, enseguida la piel da la noticia al médico y le habla en forma de síntoma.

13

La humilde erupción puede avisar de que lo puede estar pasando mal el hígado. Y no pongo como ejemplo un cuadro grave de artropatía psoriásica. Funciona como termostato de nuestra salud. Es igual de sensible la piel para acariciar y recibir besos que para dolerse a su manera cuando algo sin dar todavía dolor nos está lastimando por dentro.

Ya el índice nos transmite la sensación de estar ante un libro de gran interés popular. Seguro que en él encontraremos nuestro trastorno. Empleé precisamente esta razón, la de hacer bien a mucha gente que vive atormentada por enfermedades de la piel, para animar al doctor a escribirnos este hermoso *Aprende a conocer tu piel*.

Ahora, con el trabajo bien hecho, don Julián confiesa en el epílogo que mereció la pena: «el tiempo que he disfrutado en su redacción espero que sea de provecho para el que tenga a bien dedicar algunas horas a su lectura». Es que además, sin alarde, va fluyendo página a página la autoridad profesional del autor, que fue el catedrático más joven de España en su especialidad, y ahora es presidente de la Academia de Dermatología.

El amigo Julián me va a disculpar que haga pública la siguiente intimidad: recibí su original un viernes por la mañana, lo leí de un tirón nada más acabar de comer y a las once de la noche le llamé por teléfono para decirle que el resultado era formidable. Enseguida le pregunté: «¿Quién te lo ha redactado?». Al responderme que lo había hecho él, añadí sin pensar: «Pues deja la medicina y ponte a escribir».

«Este libro no pretende en absoluto ser un tratado científico. Simplemente quiere ser divulgativo. Es más, está escrito a conciencia en un lenguaje llano, intentando hacer comentarios y no dogmas», confiesa este médico en la última página. Aunque él no lo sienta así, me da que nos ha nacido un escritor.

Henos aquí en esta decimotercera *Guía práctica de Saber vivir* ante un manantial de salud formado por millones de sabias gotas científicas que están contadas con aguda y graciosa inteligencia. Disfruté en varios programas de *Saber vivir* con el profesor Conejo-Mir y le llevé a millones de hogares del mundo por el Canal Internacional de TVE. A partir de ahora lo tengo en un amoroso libro de ayuda y consulta que comparto con todos vosotros, bien queridos lectores.

Manuel Torreiglesias

CAPÍTULO I

Cómo es nuestra piel

No sé si habrá reparado en que no existe en el ser humano un órgano que haya levantado más pasiones que la piel. Cuando de una persona nos hechiza su belleza, miramos su cara, su cuerpo, su piel. Cuando nos electrizamos con el roce del ser amado, tocamos su piel. Cuando un aroma nos recuerda a alguien, es al olor de su piel. Cuando nos preparamos para un encuentro amoroso, nos lavamos y perfumamos la piel. Cuando tenemos relaciones sexuales, es la piel la que nos lleva al clímax. Y de igual manera, cuando odiamos a una persona, nos horripila el contacto con su piel. La piel es un órgano de intercambio social, y además refleja la salud del cuerpo y del espíritu.

Podemos tener la seguridad de que los primeros síntomas que conocieron los hombres primitivos del concepto de enfermedad aparecieron en la piel. Y el cuidado de la piel significaba evitar enfermedades. Por eso, desde las antiguas culturas, la piel era objeto de atención y esmero.

Los egipcios fueron verdaderos expertos en este arte. Cuenta la historia que uno de los grandes secretos de la belleza de Cleopatra fue el esmero con que cuidaba su piel. Como dictaba la norma de la época, su cuerpo estaba completamente depilado (quizá para evitar parásitos como los piojos), incluso rapado el cuero cabelludo. Además, se bañaba en leche de burra y se frotaba con polvo de alabastro para conseguir una piel más suave y bonita, y realmente no se equivocaba, ya que era algo similar a cuando ahora hacemos un *peeling* o exfoliación. Pero no terminaba aquí su labor de cuidado de la piel: la lavaba con productos emulsionantes naturales y para terminar aplicaba aceites y perfumes naturales, como lavanda, para estar bien perfumada. En resumen: no hay nada nuevo bajo el sol, hacían igual que hacemos ahora todos los días.

Por eso los dermatólogos somos los especialistas más afortunados de la medicina, ya que tenemos el honor de poder tocar, presionar, pellizcar, oler y acariciar nuestro medio de vida: la piel.

LA PIEL: UNA MARAVILLA

Nuestra piel es espectacular. Se trata de uno de los órganos más extensos de nuestro cuerpo, ya que mide casi dos metros cuadrados. Además, representa casi el 30 por ciento del peso de nuestro cuerpo. Por antonomasia, es el órgano que nos aísla del exterior. Es una envoltura con unas funciones muy bien distribuidas, que hace que nos olvidemos de todo lo agresivo que nos rodea.

La piel está constituida por tres capas sucesivas: la epidermis, la más superficial, la dermis y la hipodermis, la más profunda (véase figura 1). Externamente, la piel está cubierta por la película hidrolipídica, una mezcla de sudor y de sebo, que constituye la primera barrera defensiva contra las agresiones exteriores al limitar el desarrollo de las bacterias gracias a su acidez. Esta fina emulsión mantiene también el grado de hidratación cutánea y le otorga a la piel su aspecto aterciopelado.

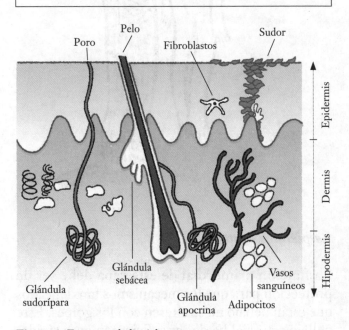

Figura 1. Esquema de la piel.

Para darnos cuenta de su magnitud, pongamos un ejemplo. Imaginemos que queremos fabricar una piel artificial para un robot. Este «pellejo» sintético deberá tener propiedades de varios tipos, como veremos a continuación.

La piel nos protege

La función primordial de esta capa debe ser de protección para que los mecanismos tan delicados que están debajo no se alteren con los golpes. Este pellejo artificial ha de ser suficientemente rígido, pero a la vez flexible. Si lo fabricamos con silicona, tendrá un tacto agradable, pero será excesivamente blando. Si buscamos un material acrílico o plástico, será duro y poco flexible, y además se romperá con facilidad. Es difícil encontrar algo que se asemeje a la piel humana. Además, debe ser una verdadera muralla que nos aísle de todo lo exterior de una forma efectiva. ¡Qué complicado! Pero la piel humana es así.

Nuestra piel es casi idéntica, vista a gran aumento, a la de un lagarto o una serpiente. ¡Quién lo iba a decir viendo la de Elsa Pataky o Brad Pitt! Está formada por células muertas repletas en su interior de una proteína muy especializada, llamada queratina. Estas células queratinizadas se disponen como tejas sobre nuestra piel y son duras como la envoltura de un escarabajo. De hecho, resiste golpes de más de cien kilos sin romperse. La queratina es muy rica en azufre, y es el componente principal de las capas más externas de la epidermis de los vertebrados y de otros órganos derivados del ectodermo, como pelos, uñas, plumas, cuernos o pezuñas. Es una proteína con una estructura secundaria, es decir, la estructura primaria de la proteína, que se pliega sobre sí misma, y adquiere tres dimensiones. Esta estructura conserva esa forma tan característica gracias a los puentes de hidrógeno y a las fuerzas hidrofóbicas que mantienen unidos los aminoácidos de dicha proteína. Todo esto unido le da a la proteína esa especial dureza y permite que sirva de tela idónea para el traje que supone nuestra piel.

El espesor de la capa córnea varía según las distintas partes del cuerpo. La más gruesa es aquella que cubre la palma de las manos y la planta de los pies, por los roces y otros tipos de fricciones. En cambio, la piel que cubre las mucosas no contiene queratina y, por tanto, carece de capa córnea.

La piel se regenera

Es importante que ella misma pueda regenerarse. ¿De dónde sacamos un tejido artificial que haga eso? ¡Imposible! Y sin embargo, nuestra piel lo hace de forma natural. Si se rompe, ocurre igual que en las películas de ciencia ficción, que se cierra sola en segundos. La única diferencia es que en nosotros este proceso dura siete días para las heridas y de 20 a 25 días para cambiar todo el espesor de la piel. Pero es un mecanismo autosuficiente para reparar las heridas. Esta regeneración es posible en nuestra piel gracias a la impresionante estructura que tiene la epidermis, formada por siete u ocho hileras de células. La capa más baja, la llamada hilera basal, está constituida por células muy activas, programadas para morir ahogadas por la proteína queratina que ellas mismas fabrican en su interior. Esta muerte programada forma la capa superior o capa córnea. Es la razón por la que los dos mil millones de células que la componen se renuevan de forma continua y trescientos millones de ellas son reemplazadas cada día (véase figura 2).

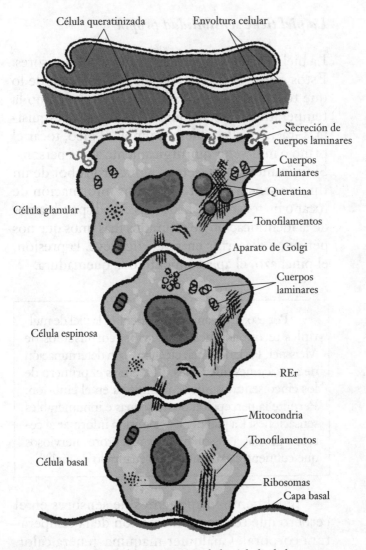

Figura 2. Esquema de la regeneración de la piel: desde la capa basal, los queratinocitos ascienden y se transforman en células aplanadas llenas de queratina hasta morir en la capa más externa, la córnea.

La piel tiene sensibilidad propia

La piel del robot debería estar dotada de sensores. Estos sensores han de darnos información de lo que tocamos y otros datos del exterior, como la temperatura. La sensibilidad de la piel es exquisita. Gracias a ella podemos pintar al óleo, tocar el piano o intervenir quirúrgicamente a una persona. Si únicamente dotásemos a nuestro robot de un tipo de sensor, sólo tendríamos información de tocar o no tocar. Pero nada más. No dispondríamos de la identificación de estímulos más finos que nos permitan discernir entre el roce leve, la presión, el pinchazo, el aplastamiento o la quemadura.

Por eso, el organismo ha dotado a la piel de múltiples terminaciones de nervios (corpúsculos de Meissner, Paccini, Vater, etcétera), con determinación de sensaciones diferentes. El tacto es el primero de los cinco sentidos que se manifiesta en el embrión. Permite la percepción de muy finas e innumerables sensaciones. La piel tiene por misión informar al cerebro gracias a los quinientos receptores nerviosos que contiene cada centímetro cuadrado de piel.

Igualmente, disponemos de sensores en el cerebro que reciben información de la temperatura corporal. Cualquier máquina genera calor. Nuestro organismo no es muy diferente, ya que sus funciones de combustión nos hacen alcanzar los 36,5 °C aproximadamente. Y si es alta, debemos bajarla inmediatamente, ya que nuestro cuerpo no puede vivir ni por debajo de los 0 ºC ni por encima de los 45 ºC. Pues de ello se encarga la piel. Si hemos hecho un envoltorio simple, que no transpira, terminaría por calentarse excesivamente. ¿Ha probado alguna vez a meter la mano en agua a 37 ºC? ¡Seguro que casi se quema! La piel asegura la regulación térmica del cuerpo.

Para mantener constante la temperatura del cuerpo en 37 ºC la piel actúa como un verdadero termostato. Cuando hace frío, los escalofríos sirven para calentar el cuerpo, y los vasos sanguíneos se contraen para evitar un enfriamiento demasiado fuerte de la sangre, lo que provoca la palidez de la tez. Al contrario, el calor provoca la transpiración para refrescar la superficie de la piel. El flujo sanguíneo de los capilares aumenta para eliminar más calorías. Es lo que provoca el enrojecimiento de la piel en épocas de calor. Diariamente perdemos a través de la piel 500 centímetros cúbicos de vapor de agua. Después de un ejercicio intenso somos capaces de sudar hasta dos o tres litros. Pero cuidado: no es que hayamos adelgazado tanto de golpe, es que estamos deshidratados; en cuanto bebamos, volveremos a recuperarlos.

La piel nos defiende

Si la envoltura del robot es resistente pero flexible y autorregenerativa, sin duda hemos avanzado notablemente. Pero necesitamos que tenga «ojos». Algún sistema que nos indique, como si fuera el radar de un portaaviones, qué sucede alrededor de él. Es decir, esta envoltura no debe estar vacía, sino tener un verdadero ejército de vigilantes que nos digan qué pasa fuera. Pues ¡la piel humana lo tiene, y bastante perfeccionado! Estas células, llamadas células de Langerhans, tienen la misión de ser los chivatos defensivos que transmiten a la infantería de nuestro cuerpo, los linfocitos, la información de lo que está pasando fuera. Por desgracia, también tienen la culpa de que nos hagamos alérgicos a la bisutería o a los detergentes.

La piel cambia de color

En la evolución, el ser humano ha perdido la capacidad de protección frente a los rayos solares. Los primates, con la piel muy pigmentada, con muchos melanocitos y abundante pelo, estaban protegidos naturalmente frente al sol. Al emigrar el *Homo sapiens* a países con poco sol, se fue perdiendo esta defensa natural, y nuestra piel quedó más blanca. Podríamos decir que hemos quedado desnudos frente al sol. Por eso el ser humano vive actualmente en un medio francamente hostil, expuesto al mayor cancerígeno conocido hasta ahora: el sol.

Nuestra piel conserva melanocitos y nuestro «traje» cambia de color según las necesidades, de manera que si nos exponemos mucho, la piel toma color oscuro, mientras que si no lo hacemos está blanca. Algunos animales lo hacen para evitar ser identificados y devorados por sus enemigos, pero el ser humano sólo lo hace como defensa natural frente al medio ambiente. Al estar moreno la melanina actúa como paraguas en la epidermis, al impedir que los rayos solares penetren más profundamente.

Una pregunta que nos hacen con frecuencia los estudiantes de medicina es si la piel en la raza negra tiene muchos más melanocitos que la blanca. ¡No! Sólo tiene más pigmento, pero la cantidad de melanocitos es la misma en ambos. De ahí que los niños de raza negra al nacer no muestran el color moreno acentuado hasta que después de unos minutos expuestos a la luz no se estimulan los melanocitos.

La piel nos aísla

Debajo de la capa más externa, deberíamos colocar algo que aísle y proteja a los huesos, tendones, nervios y músculos. Si cuando compramos un regalo frágil, por ejemplo de cristal, lo envolvemos con material plástico con pompitas para que no se rompa, ¿por qué no hacemos lo mismo con el organismo? La verdad es que la piel tiene un sistema mucho mejor. Debajo de esa capa dura pero flexible que es la epidermis, tenemos un sistema de protección doble: la dermis y la hipodermis.

La dermis es veinte veces mayor que la epidermis, y se trata de una capa de material gelatinoso, con mucopolisacáridos, en la que están incluidas multitud de fibras, nervios y vasos. Es la zona más noble de la piel, y es la CPU del ordenador que constituye la piel. Igual que un colchón tiene por dentro muelles, la piel tiene en la dermis fibras de colágeno y elastina, que permiten que pueda estirarse sin romperse.

Imagínese que al fabricar el traje del robot se nos olvida este armazón fibrilar: se rompería continuamente con cualquier estiramiento. Las fibras de colágeno confieren a los tejidos firmeza y resistencia, al formar una trama densa organizada en haces. Las fibras de elastina, que son más finas, le dan a la piel su elasticidad. Por desgracia, con el tiempo se vuelven rígidas, desaparecen progresivamente después de los 45 años, y entonces aparecen en la piel las arrugas de la vejez.

La hipodermis es un verdadero colchón que nos protege. Resulta increíble cómo está constituida esta capa: son células llenas de grasa o lípidos que, en íntimo contacto, forman una gruesa capa de entre dos y cuatro centímetros, y según su forma, nuestra silueta es más o menos armoniosa y atractiva. Como los fluidos no son comprimibles, cualquier traumatismo produce en la hipodermis el mismo efecto que en un colchón de agua. Absorbe a la perfección cualquier golpe. La fuerza se expande dentro de la hipodermis, sin romperla. No sé si han reparado en las plantas de los pies, que deben soportar todo el peso del cuerpo y tienen muy próximos a la piel los huesos y los tendones. La hipodermis tiene en esta zona un inteligente entramado de septos o tabiques de adipocitos que soporta a veces toneladas de peso, en el ejercicio. Sus células grasas, los adipocitos, son muy voluminosas y se distribuyen de manera distinta en la mujer y en el hombre. En las mujeres, los adipocitos predominan en la zona de los glúteos y de los muslos. En los hombres se encuentran más bien en la zona abdominal. Pero, además, esta capa representa la reserva energética más importante del organismo gracias al almacenamiento y a la liberación de ácidos grasos.

PELOS Y UÑAS

El pelo es una estructura muy especial de nuestra piel. Aunque nuestros ancestros, los primates, tenían el cuerpo cubierto de pelo, el hombre actual lo ha perdido. Su función era controlar la temperatura corporal.

Si quiere imaginarse cómo se sentía el hombre primitivo, póngase un abrigo de pelo animal y vea el calor que le da. Todavía podía incrementar su función erizando el pelo (piel de gallina), gracias a los músculos erectores, lo que producía un aumento del grosor de la capa de protección del pelo de hasta tres centímetros. Esta cualidad también la usan ciertos animales como mecanismo de defensa natural frente a sus congéneres para parecer más fuertes, como ocurre en los perros. Pero al utilizar el hombre primitivo ropa con pieles de animales que lo aislaban del frío, el pelo fue perdiendo su función natural en el cuerpo, hasta desaparecer. Sin embargo, quedó en algunas zonas, como cuero cabelludo axilas y genitales, con funciones muy específicas. En el cuero cabelludo protege de traumatismos al cráneo, el envoltorio del órgano más noble de nuestro cuerpo: el cerebro. Para darse cuenta de este hecho fíjese qué sucede en los calvos cuando se dan un golpe en el cuero cabelludo, ¡lo que les duele! Además, protege del sol y evita el calentamiento del cerebro. En pliegues como axilas e ingles ha persistido por una función diferente pero también muy importante: actúa como rodamiento y evita la fricción al correr o mover los brazos. Igual ocurre en la actividad sexual.

Las uñas constituyen también restos atávicos que en los animales son utilizados para la garra o aprehensión de la presa para la supervivencia. En los humanos se ha perdido esta función, pero ha quedado como un órgano sumamente especializado en unión íntima con el hueso de la última falange. Gracias a esto, el ser humano actual ha desarrollado una gran capacidad táctil, con aumento de terminaciones nerviosas en el pulpejo, y su función es muy diferente. Tocar el piano, practicar intervenciones quirúrgicas o pintar ha sido posible gracias a la evolución natural de este anejo cutáneo.

La zona más externa de la piel

El manto lipídico

Nuestra piel no termina externamente donde parece. Igual que las tapicerías de cuero de sofás o coches necesitan que con regularidad les apliquen lociones para que no se agrieten, los mamíferos tenemos un manto lipídico, que contiene ácidos grasos, colesterol y triglicéridos, que nos permite tener en condiciones idóneas nuestra piel. Esta fina capa más externa está producida por las glándulas sebáceas, que se encuentran unidas al pelo. Cuando carecemos de este manto, la piel está seca, incluso descamativa. Cuando tenemos exceso de sebo, la piel se ve brillante, como se observa en personas con mucha grasa en la cara.

Cuando vemos una piel seca, con escamas, deslucida, decimos que está deshidratada, pero en realidad lo que le falta son lípidos. En la cosmética, las cremas llamadas «hidratantes» en realidad lo que aportan es una buena cantidad de aceites vegetales que reparan esta película lipídica.

Nuestra piel: una jungla

La superficie de nuestra piel es idéntica a la de una jungla donde crecen grandes plantas (hongos) y tiene habitantes vivos (bacterias). La acidez del manto lipídico —que normalmente es de pH 5,5— mantiene a raya el crecimiento de hongos y bacterias. Cuando nos lavamos excesivamente, alteramos el pH y pueden crecer hongos, como la *Malassezia furfur*, que produce las típicas manchas blancas en la espalda en épocas de verano. Por tanto, no es tan bueno como creemos lavarnos excesivamente. Cuando lo hagamos, debemos estar seguros de hacerlo con geles de baño con pH ácidos para no alterar nuestro equilibro ecológico cutáneo.

El sudor

Sobre la piel también tenemos sudor. Este sudor no sólo es importante para controlar la temperatura, sino también para funciones sexuales. Cuando los niños llegan a la pubertad, las madres nos dicen que sus hijos huelen diferente. Esto se debe tanto a la alteración de la composición de la grasa por los andrógenos que esos años ya empiezan a producirse en grandes cantidades, como por contener el sudor una composición específica llamada feromonas o sudor sexual. Está producido por las glándulas apocrinas, localizadas en axilas, zona genital y ombligo, y su olor penetrante servía en el hombre primitivo para atraer a hembras que estuviesen a considerable distancia. Hoy parece que no tiene tanta importancia. Más bien, ¡el no usar desodorante puede producir una rápida huida de la hembra! La piel «respira». Es un tejido permeable que permite a las células abastecerse de oxígeno, agua y minerales directamente del exterior. A través de los poros, que son minúsculos orificios cutáneos (dos millones por individuo), se elimina la transpiración.

Los ácaros

Nos falta algo para completar la jungla cutánea: los ácaros. Éstos se encuentran deambulando sobre nuestra piel procreando e incluso peleándose en-

tre sí. Ver imágenes microscópicas de ellos pelean-
do por sobrevivir es algo parecido a las luchas de
animales prehistóricos, que a veces terminan por la
succión de uno a otro. El problema es que son
proteínas andantes y no van a producir alergias.

CAPÍTULO II

La piel del recién nacido

LA PIEL DEL NIÑO AL NACER

Lola y Manuel llevan varios años casados y por fin van a cumplir uno de sus sueños: tener un hijo. Lola ha acudido al hospital a dar a luz y está nerviosa ante este momento tan importante de su vida. Manuel le dice a su ginecólogo que quiere estar presente durante el parto. Cree que todo será como en las películas: la madre, a menudo perfectamente maquillada y repeinada, da a luz a un bebé tras unos cuantos gritos y gemidos, que segundos después, presenta el ginecólogo a los emocionados padres como un precioso y fotogénico bebé de varios meses, limpio y radiante, balbuceando tiernamente.

Fue todo bien, pero ¡vaya desilusión!, nada parecido a lo que esperaba. Imposible describir la cara de Manuel cuando la matrona le entregó a su hijo. La piel del niño era azulada, cubierta de sangre de la madre y de una sustancia blanquecina y pegajosa, con el aspecto facial tumefacto como si hubiese acabado de participar en un combate de boxeo.

El hecho de que su bebé no se parezca a uno de esos querubines de Hollywood no debería ser motivo de sorpresa. El feto se desarrolla inmerso en líquido durante nueve meses, replegado sobre sí mismo en un espacio que se le queda cada vez más pequeño dentro del útero. Todo el proceso suele culminar con un bebé empujado a través de un canal del parto óseo y sumamente estrecho, y es necesario a veces utilizar fórceps o ventosa.

De cualquier manera, hay dos detalles importantes que conviene tener en cuenta:

• Primero, los rasgos que hacen que un bebé normal tenga un aspecto extraño sólo duran horas.
• Segundo, no es necesario explicar a los padres que son defectos temporales, ya que a los ojos de un padre ilusionado y lleno de admiración, su bebé siempre será un bebé guapísimo.

La piel cambia de color

Manuel no sale de su asombro. Cuando le entregaron a su bebé le llamó la atención su tono rojizo. La piel del recién nacido puede presentar este color por tener una gran cantidad de glóbulos rojos y porque los vasos sanguíneos son todavía inestables. Hasta pasados unos días el pequeño no adquiere su tonalidad normal. Pero la cosa le preocupó aún más cuando del rojo pasó al amarillo. La ictericia es una situación muy común en los recién nacidos. Puede considerarse normal si se mantiene dentro de ciertos límites y no dura más de unos pocos días o semanas. Se produce, sobre todo, por la inmadurez del hígado.

Este tono amarillo suele aparecer a partir del segundo día de vida, y bastará que tome el sol durante un rato a través del cristal de la ventana para perderlo. La ictericia neonatal, salvo casos extremos excepcionales, no deja secuelas y no se relaciona con enfermedades posteriores del hígado ni de otro tipo.

¡No ganan para sustos!

Una capa de protección natural: la vérmix caseosa

Y es que el niño al nacer tiene una piel muy diferente a la del adulto. El bebé ha estado flotando en un líquido semejante al suero durante nueve meses (líquido amniótico). Si la piel no estuviera preparada para eso, se alteraría extraordinariamente. Sólo un ejemplo: ¿habéis visto cómo se ponen de arrugados nuestros pulpejos cuando estamos 10 o 15 minutos en una piscina? Pues ¡imaginad cómo estarían a los nueve meses!

El organismo cuenta con un mecanismo muy ingenioso para que el niño pueda estar inmerso en el líquido amniótico tanto tiempo sin enterarse. Crea una capa aislante natural, llamada vérmix caseosa, parecida al traje de neopreno que usan los buceadores.

Se trata de un aumento muy acentuado de la secreción grasa normal, de 8 a 20 veces superior a la del adulto, que actúa de aislante, de manera que la epidermis no se va a dañar por estar flotando en suero durante el tiempo que haga falta.

Esto también sucede en la naturaleza con mamíferos adultos cuyo hábitat natural es el medio acuático. Por ejemplo: las focas tienen una gran capa de sebo en su piel para poder estar tanto tiempo en el agua; los osos polares, igual. Los perros tienen una gran capa de grasa en su piel que hace que se sequen sólo con sacudirse. David Meca, el nadador español campeón del mundo de grandes travesías, sabe que en las zonas donde no lleve el traje de neopreno, debe aplicar vaselina o algún producto graso similar para que la piel no se dañe al estar muchas horas en el agua.

El primer impulso de Lola y Manuel fue intentar lavar la piel de su recién nacido y dejarla reluciente. Craso error, ¡nunca hagamos eso! No se debe lavar con gel o jabón la piel del recién nacido durante las primeras 48 horas de vida, salvo con agua, ya que esta capa de vérmix caseosa desempeña otras importantes funciones en los primeros días de vida.

¡Cuidado! Todavía no han aprendido a sudar

La primera idea de nuestra pareja fue vestir a su hijo con ropa abundante, pues deseaban estrenar la que la familia y amigos le habían regalado y ellos habían ido acumulando con ilusión. Pero el niño estaba incómodo, intranquilo. Y es que los recién nacidos no controlan bien la temperatura y, por tanto, no saben sudar. Todavía peor si el recién nacido ha sido prematuro.

Resulta curioso cómo el exceso de ropa puede ser peligroso para su salud. No debemos abrigar excesivamente al niño, ya que podríamos producirle una subida excesiva de temperatura en el sistema nervioso central que conduce a problemas importantes, incluso de apnea. Recuerdo un caso vivido personalmente durante un vuelo en avión, en el que un niño de pocos días comenzó a ponerse violáceo y a perder la conciencia, con la lógica alarma de todo el pasaje, incluida la tripulación, que pidieron por megafonía la ayuda de un médico que estuviese a bordo. Cuando acudí a ver al niño, lo primero que me llamó la atención era el excesivo ropaje que la madre le había puesto. Pero a esto se unía que la madre lo apretaba con fuerza por su miedo a volar. Simplemente al quitarle ropa, tanto el color violáceo como el estado de estupor del niño desaparecieron rápidamente.

Las glándulas del sudor ecrino, cuya función es el control de la temperatura corporal, se hallan completamente desarrolladas desde los casi siete meses de vida intraútero. Pero están inactivas, ya que en la vida intraútero no hace falta sudar. De repente, después del parto, los cambios de temperatura las obligarán a empezar a funcionar. Pero no les pidamos grandes cosas: dejemos que ellas mismas aprendan a trabajar.

En las primeras semanas de la vida son frecuentes las crisis de sudoración y los «sarpullidos», miliaria o sudamina, debido a la inmadurez de los centros nerviosos simpáticos que regulan la respuesta a los estímulos térmicos.

Ante la duda, es mejor abrigarlos moderadamente. Hasta después de las primeras semanas de vida, los niños no saben sudar. Tengamos paciencia.

La flora microbiana de la piel

Lo primero que hizo la familia de Lola y Manuel al ver al niño fue ir a besarlo. ¡Cuidado! Los niños recién nacidos no tienen ningún tipo de gérmenes en la piel. De hecho, han estado en un medio estéril durante nueve meses. Al pasar por la vagina en el momento del parto ya se contamina por los gérmenes vaginales de su madre, incluidas sus infecciones de ese momento. Cuando lo tocan o lo acarician, nueva oleada de millones de gérmenes.

Por este motivo, es recomendable lavarse bien las manos antes de acercarse a un recién nacido. Igualmente, nunca permitan besar al niño a aquel familiar con un episodio de herpes simple reciente. A los 7 o 10 días el niño ya tiene su propia flora de bacterias y hongos.

Los cambios de los primeros días

Lola y Manuel lo están pasando mal. Nadie les había dicho que la piel de su hijo tendría tantos cambios en tan poco tiempo.

Cuando llegaron a casa, la piel ya estaba más seca por haber ido perdiendo el vérmix. Esta sequedad, con o sin escamas, empieza por los tobillos para extenderse por todo el cuerpo hacia la primera semana. A veces sólo sucede en manos y pies. Después de pocos días, vuelve todo a la normalidad. Se ha producido por la adaptación al medio ambiente.

En segundo lugar, le notaron cambios repentinos de coloración. A veces lo veían rojo, otras azulado, otras muy pálido. En las piernas parecía tener en ocasiones ronchas rojas.

Estos cambios son fisiológicos, ya que durante nueve meses ha estado a una temperatura constante de 36 °C, y ahora la temperatura exterior puede variar. Los fenómenos de dilatación de capilares o contracción de capilares están empezando, y el ordenador central (sistema nervioso) está en periodo de prueba. En pocos días desaparecerá.

Después, cuando ya la familia avisa de su visita y ellos tienen más interés en que vean al niño más guapo, observan con horror cómo le van apareciendo en la cara lesiones similares a las del acné. Esto es debido al paso a través de la placenta de las hormonas sexuales, que le producen un crecimiento de las glándulas sebáceas. Se le llama *acné neonatorum*, y suele desaparecer al cabo de unas semanas o meses espontáneamente. Por un mecanismo similar, le habían aparecido en las mejillas, el mentón y en las alas de la nariz, unos puntitos anacarados del tamaño de un grano de mijo, por eso llamados de «milium», que son pequeños quistes donde ha quedado retenida la queratina de la piel. Desaparecen después de las primeras semanas de vida. ¡Qué lío de niño!

Y podría haber sido peor. Su vecino les había advertido que el suyo tuvo una «erupción» de manchas rojas bien limitada, con «granitos» rojos o blancos en su interior, que pueden aparecer en cualquier parte de la superficie de la piel, excepto en las palmas de las manos y en las plantas de los pies. Es el denominado eritema tóxico neonatal, de causa poco conocida. Se presenta en más de la mitad de los recién nacidos en el segundo día de vida, pero puede también darse en cualquier momento durante las primeras dos semanas, persistir desde días a semanas y remitir por sí solo sin dejar cicatriz. ¡Menos mal!

El primer baño

Como todos los padres noveles, Lola y Manuel nada más llegar a casa, se plantearon cuándo y cómo lavar al niño.

Debemos ser sensatos. Nuestro niño no es un muñeco con el que podemos hacer cuanto nos guste. La pregunta es: ¿para qué se lava uno? Para quitar suciedad, es fácil responder. Un adulto trabaja, hace deporte, suda, se ensucia..., luego es normal que deba ducharse a diario. Pero a los niños tan pequeños, ¿tanto se les ensucia la piel en

la cuna, cubiertos de ropa, como para tener que lavarlos a diario?

El baño en los niños pequeños nunca tendrá como finalidad la limpieza. Pero a los niños les gusta y les relaja que los bañen, ya que recordarán con relax el medio líquido en el que estuvieron flotando tantos meses.

Este baño tiene algunas consideraciones:
- El agua debe estar a una temperatura próxima a los 37 ºC, con sumo cuidado de no sobrepasar esta cifra y quemarlos. Usar siempre termómetros o la mano para verificar la temperatura del agua.
- No debe prolongarse más de cinco minutos, ya que sobrehidrata la capa córnea y la hace más frágil.
- No es necesario en el neonato el uso de agua esterilizada donde exista agua potable, pero si el agua es de ríos o lagunas, se recomienda hervirla y posteriormente enfriarla.
- El uso de jabones no es necesario hasta los dos o tres meses de vida, sobre todo si padece dermatitis atópica.
- El secado debe practicarse con una toalla suave, sobre todo las zonas de pliegues, y nunca usar fuentes de calor artificial tipo secador, lámparas de infrarrojos, etcétera.

La antigua recomendación de evitar el baño en los recién nacidos hasta la caída del cordón umbilical hoy no se sostiene.

VAMOS A PONERLE EL PAÑAL

La zona más delicada y que produce más quebrade-
ros de cabeza durante la lactancia es la del pañal. Se
debe a un efecto sumatorio de factores muy específicos que concurren en esta zona. Indudablemente,
ha sido un gran adelanto el uso de pañales. Las antiguas compresas grandes de tela, que había que lavar
y relavar, pasaron a la historia, y desde hace más de
veinte años se utilizan pañales de material sintético
absorbente, de un solo uso. Pero los nuevos pañales
producen múltiples alteraciones en la zona ocluida.
La maceración y la fricción es la primera. La segunda es la retención de heces y orina, con sus ácidos
fecales. Y por último, la misma oclusión que produce el pañal. De ahí que muchos niños tengan gran
irritación en la zona, lo que se conoce como «dermatitis del pañal». A todo lo anterior pueden aso-
ciarse infecciones por hongos *(Candida albicans)* o
bacterias (estreptococos), que empeoran el cuadro.

> Por eso, el cambio de pañales debe ser muy
> controlado en los primeros meses de vida del
> niño.

MI NIÑO TIENE MANCHAS EN LA PIEL

Lola y Manuel miran embelesados la piel de su
niño cada vez que lo desnudan. Pero nuestro traje a veces trae, de fábrica, algunas imperfecciones

que no deben alarmarnos. Los animales tienen manchas en su piel para el camuflaje y la defensa. Pero en el ser humano no es así.

Algunas manchas son muy normales. La más frecuente es una mancha rojiza en la zona de la nuca, que ocurre en más del 80 por ciento de los caucasianos. Se trata de un angioma plano o malformativo, que persistirá ahí de por vida, sin crecer ni producir problema alguno. Otra mancha frecuente es una azulada que se localiza en la zona baja de la espalda y glúteos. Sólo algunos niños europeos recién nacidos la tienen, y desaparece con los años. Se la denomina «mancha mongólica» por ser muy frecuente en los mongoles, y la presentan la mayoría de los niños asiáticos al nacer. Todos tenemos antes del primer año de vida algunos lunares. Eso no debe alarmarnos, ya que lo raro sería que no se tuviera ninguno (véase capítulo V). Los frecuentes lunares, denominados «nevus pigmentados», también pueden estar presentes desde el nacimiento o bien aparecer o intensificarse su color conforme va creciendo el niño. Los lunares de gran tamaño o de aspecto extraño han de ser examinados por un dermatólogo, porque algunos se deben extirpar.

Otras son reveladoras de enfermedades. Por ejemplo, las manchas blancas. Unas son estables de por vida, como la mancha lanceolada de la esclerosis tuberosa, y otras pueden mostrar crecimiento, como las del vitíligo. O bien manchas oscuras, como las manchas «café con leche» de la neurofibromatosis. Su color se puede intensificar (o pueden aparecer por primera vez) conforme el niño va creciendo. No suelen tener ninguna importancia, a menos que sean grandes o que el bebé presente seis o más en el cuerpo, lo que podría indicar la presencia de ciertos trastornos médicos.

Si le vemos manchas a nuestro niño, lo mejor es consultar al pediatra o dermatólogo para conocer su verdadera naturaleza.

El pelo del recién nacido

Lola y Manuel comentan con preocupación cómo su hijo tenía un pelo en el cuero cabelludo muy abundante las primeras semanas pero ahora se le va cayendo de forma acelerada hasta quedarse casi calvo. Y el problema es que Manuel es calvo, y creen que su hijo lleva el mismo camino. Por el contrario, el bebé presentaba un vello muy fino en hombros, espalda y frente, llamado «lanugo», que cayó en pocos días.

El pelo del cuero cabelludo es una estructura muy curiosa que sufre varias transformaciones a lo largo de la vida. La primera es a los pocos meses de nacer. No debe alarmarnos que el pelo del recién nacido, fino y sedoso, sufra una aparatosa caída hacia los cuatro meses, denominada «efluvio telegénico del recién nacido». Esto deja paso a un pelo más fuerte y más espeso, parecido ya al definitivo. Por supuesto, no tiene nada que ver con la calvicie.

Cuidados del niño recién nacido: normas para padres y madres primerizas

Ante tanto cambio en la piel de su hijo, Lola y Manuel, por fin, deciden acudir a su dermatólogo. Esta decisión es acertada, ya que existen muchos mitos y tabúes en el cuidado de la piel del niño. Después de una larga conversación, su dermatólogo los tranquilizó y les aconsejó una serie de normas fáciles para la higiene de la piel de su hijo. Éstas fueron las siguientes:

Hidratación de la piel

La piel del niño debe hidratarse con regularidad desde los primeros días de vida. Esta hidratación cumple dos funciones: una, la de aportar manto lipídico, y otra, la de ser humectante o emoliente.

Debe saberse escoger el producto que hidrate la piel de nuestro bebé. Son idóneas las lociones, mientras que los aceites, ungüentos o sustancias grasosas bloquearán las pequeñas glándulas sudorales y causarán un sarpullido o miliaria.

- Estas lociones deben ser de pH ácido, ya que la piel normal es ligeramente ácida. Se aconsejan con pH 5,5, que previene infecciones por hongos y bacterias.
- La aplicación debe realizarse una o dos veces al día, dependiendo de la sequedad natural de su piel.

A las madres les gusta que sus bebés huelan muy bien y eligen lociones hidratantes perfumadas. ¡Cuidado!, porque pueden producir irritaciones y futuras alergias a cosméticos. ¡Deben escogerse sin perfumes!

Además, debemos ser cautos con lo que aplicamos sobre la piel del recién nacido. La piel del niño es una esponja y lo absorbe todo, mucho más que un adulto. Esto se debe a varias causas: la primera es que la capa córnea, verdadera muralla que nos protege del exterior, es todavía muy fina; en segundo lugar, la proporción de superficie cutánea respecto al peso corporal es muy elevada; y en tercer lugar, el niño tiene zonas de gran absorción respecto al adulto, por ejemplo axilas y genitales.

Por este motivo, cualquier sustancia que apliquemos se absorberá y pasará al torrente circulatorio de igual manera que si la administración hubiera sido por vía oral. De ahí que con los niños pequeños debamos evitar aplicar ciertas sustancias, como las anilinas; antisépticos con hexaclorofeno, de los que ya existen pocos; lociones o fricciones con alcohol; ácidos como el bórico o el salicílico; y los corticoides, que se comentarán más adelante.

El talco de almidón le ayudará a prevenir sarpullidos en las regiones donde hay fricción. No debe usarse talco común, porque puede causar una neumonía grave si se aspira por los pulmones.

Lavado de la piel

Puede bañar a su bebé todos los días, pero durante los primeros meses es suficiente con darle un baño completo dos o tres veces por semana. Límpiele la baba y las salpicaduras cuando ocurran y mantenga limpia su cara, manos y región donde va el pañal.

Use agua del grifo sin jabón o con un jabón «sin jabón», también llamados *syndet*. Ahora la tendencia es al lavado con geles de baño con aceite de oliva, que son los más fisiológicos. Cuidado con los de avena, que pueden dejar una película irritante en la piel del bebé.

Para lavar al bebé use sólo su mano: la utilización de esponjas, manoplas u otro tipo de utensilios puede irritar la piel del pequeño.

No se olvide de limpiar el área de los genitales. No obstante, al lavar el área genital interna femenina (la vulva) no use nunca jabón. Enjuague el área sólo con agua y limpie de adelante hacia atrás para prevenir la irritación. Esta práctica, junto con evitar darle baños de espuma antes de la pubertad, pueden prevenir muchas infecciones de las vías urinarias e irritaciones vaginales. Al finalizar el baño, enjuague bien al bebé; los residuos de jabón pueden ser irritantes.

Cambio de pañales

Después de retirar un pañal mojado, simplemente enjuague el trasero del bebé con una toalla húmeda. Si los pañales tienen heces, enjuague el trasero del bebé bajo un chorro de agua tibia. Si tiene un varón, límpiele el escroto con cuidado. Si tiene una niña, limpie cuidadosamente los pliegues de los labios vaginales. Las toallitas con jabón deben ser usadas sólo en casos aislados, ya que dejan restos sobre la piel que pueden irritar la zona.

Lavado del cuero cabelludo

Lávele la cabeza al bebé una o dos veces por semana con un champú especial para bebés que no irrite los ojos. No se preocupe por posibles lesiones en la fontanela anterior (la región blanda de la cabeza). Está bien protegida.

¡Cuidado con las uñas!

Las uñas deben cortarse después de la segunda semana, una vez que los padres tengan paciencia y cuidado para hacerlo. El corte debe ser cuidadoso, con una tijera fina, pues cualquier herida en el recién nacido puede ser peligrosa. La frecuencia debería ser semanal. Córtele las uñas después del baño, porque estarán más blandas.

Fotoprotección y vitamina D

Los abuelos les habían dicho a Lola y Manuel que tenían que poner al niño al sol porque era bueno para producir vitamina D y el crecimiento de sus huesos. Es más, con esta idea tan clásica muchas familias ponen todavía hoy a sus bebés al sol durante toda la infancia.

> Actualmente sabemos que esta afirmación es completamente errónea, ya que con exponer la cara o manos o piernas al sol dos minutos por semana es más que suficiente para el crecimiento óseo del niño.

La protección frente a los rayos solares (fotoprotección) se debe a unas células cutáneas especializadas, los melanocitos, que en el recién nacido son aún poco funcionales. Es decir, en caso de fuerte exposición solar, no son capaces de producir suficiente melanina. En otras palabras, un niño pequeño no puede broncearse como un adulto.

Por ello no conviene exponer el bebé al sol, al menos antes de los seis meses o, mejor aún, hasta un año. Se corre el riesgo de insolación y daños cutáneos graves. Asimismo, más allá de esta edad sigue siendo necesario el uso de productos solares adaptados y seguir las reglas tradicionales de «buen uso» del sol. El riesgo de cáncer en la vida adulta hoy se relaciona estrechamente con la energía solar absorbida durante la infancia. Los niños deben protegerse con pantallas solares con un alto índice de protección (véase capítulo VI).

Ropa adecuada

Los vestidos del recién nacido han de ser holgados y preferentemente de algodón. Se deben evitar las prendas de lana en contacto directo con la piel, ya que pueden ser irritantes. Para poder reducir la fricción del pañal y en las zonas de pliegues, tendrá que vestirse al pequeño con ropa de tejidos suaves que no le aprieten ni le produzcan escoceduras o rozaduras. Asimismo, tendrá que lavar su ropa con cuidado, ya que detergentes potentes, suavizantes y cloro pueden irritar la piel, e incluso en algunos casos ser tóxicos.

El exceso de ropa es el responsable de la mayoría de los casos de miliaria o sudamina.

Pensar en el riesgo de toxicidad antes de aplicar un producto sobre la piel

Al dar un medicamento a un niño, en seguida se piensa en el riesgo de toxicidad; la dosis se adapta en función del peso, el medicamento se adecua a la edad y se piden instrucciones detalladas. Sin embargo, para los medicamentos de aplicación tópica, es más frecuente la negligencia, la falta de información.

La piel no constituye una armadura. Puede dejar pasar sustancias que después se encontrarán en la sangre. El triste suceso ocurrido con un talco desinfectante representa un ejemplo estremecedor: aplicado sobre el culito de un recién nacido fue capaz de penetrar en la sangre y provocar lesiones neurológicas irreversibles.

Es, pues, importante tener en cuenta que varios factores facilitan a la vez la penetración cutánea y la toxicidad general de ciertas sustancias aplicadas sobre la piel del recién nacido:

- Toda lesión de la piel puede favorecer la penetración de un producto o de una bacteria.
- La penetración es aún más fácil en las zonas cubiertas (por el pañal o por un apósito) y en los pliegues naturales de la piel. La región perineal, en la que la aplicación de cremas es frecuente, es una de las zonas más permeables.
- La relación entre la superficie de la piel y el peso es mucho mayor en el bebé que en el adulto, por

> lo que la misma aplicación de crema tiene con-
> secuencias distintas: a igual superficie de aplica-
> ción, la concentración de producto en los tejidos
> es mucho mayor en el bebé que en el adulto.
> • Por otro lado, el recién nacido es más sensible
>   a los tóxicos a causa de la inmadurez de su híga-
>   do, sus riñones y una mayor debilidad de la ba-
>   rrera entre la sangre y el cerebro, que favorece
>   la toxicidad neurológica.

Por este motivo, numerosos tópicos medica-
mentosos (productos para uso local) están prohibidos antes de los tres años, y otros deben utilizarse con precaución, sobre todo los preparados que
contengan alcohol.

Siga siempre los consejos de su dermatólogo,
pediatra y farmacéutico.

CAPÍTULO III

La dermatitis atópica

Mercedes acaba de regresar de dar un paseo a su hija de 18 meses. Viene desesperada. Su vecina Carmen le ha hecho un comentario que la ha dejado muy inquieta. Cuando vio a la niña, después de celebrar lo guapetona que era, le dijo, de repente:

—¡Huy, pues tiene dermatitis atópica!

—¿Y eso qué es? —preguntó Mercedes.

—Una enfermedad de moda, que ahora tienen muchos niños. De hecho, los dos míos la han sufrido y te compadezco por lo que vas a pasar con ella. ¡Vaya con los atópicos, son sensibles a todo! —añadió Carmen recordando el trance de los últimos años.

—¿Y cómo sabes que es eso? —le cuestionó Mercedes.

—Es inconfundible —Y Carmen, conocedora del cuadro, por experiencia, miró la cara de su niña, tan roja y con las mejillas tan ásperas; y el cuello, las axilas y los pliegues de brazos y piernas, con esas marcas rojas tan señaladas—. Pues te aconsejo —continuó— que acudas al pediatra o al dermatólogo, ya que como lo dejes, te van a liar todos en casa dándote consejos inútiles, y además lo vas a pasar fatal.

Y Carmen le siguió contando cosas de los niños con dermatitis atópica a Mercedes, quien la miraba fijamente, con cara de estupefacción...

¿Es un problema serio?

La dermatitis atópica (DA) no es una enfermedad tan aterradora. De hecho, más de un tercio de los lactantes tienen algún signo de dermatitis atópica y lo pasan sin complicaciones, a veces sin saberlo los padres. Las lesiones se confunden con una simple sequedad de la piel. Como tiende a desaparecer con el paso de meses o años y se controla bien con cuidados dermatológicos y medicación, no debemos tenerle miedo.

La dermatitis atópica, una enfermedad frecuente

La dermatitis atópica es la enfermedad de la piel más frecuente en la infancia. Se conoce desde muy antiguo y se la ha denominado de formas diversas, como: prurigo-eccema, eccema constitucional o *flexuratum*, neurodermitis, etcétera, aunque actualmente la tendencia general es llamarla DA.

No le pregunten mucho a las abuelas, porque ellas sabrán poco de la DA. De hecho, cuando ellas eran madres jóvenes, era muy rara. Se estima que entre el 2 y el 20 por ciento de los niños, según los países, tienen o han tenido algún grado de dermatitis atópica durante su infancia. Es mucho más frecuente en el norte de Europa, en los países escandinavos más que en los mediterráneos. Se ha detectado en ciertos grupos raciales una mayor frecuencia de la enfermedad aunque vivan en la misma ciudad. Por ejemplo, en Londres abunda más entre asiáticos o caribeños, y en Australia es más frecuente entre descendientes de chinos que entre blancos. No se sabe si estas diferencias se deben a distintas frecuencias de los genes responsables de la enfermedad en cada grupo o a las distintas formas de vida de cada grupo racial.

Lo que sí está claro es que con los años aumenta notablemente su frecuencia. Por ejemplo, en el norte de Europa se observó que la padecían un 2-3 por ciento de niños nacidos antes de 1960; un 4-8 por ciento en los nacidos durante los años sesenta, y un 9-12 por ciento en aquellos niños que vinieron al mundo después de los años setenta. Otro estudio demostró una frecuencia de la enfermedad del 7 por ciento en niños daneses en 1979, y del 18 por ciento en 1991.

Las explicaciones que se dan a este gran aumento son ambientales. El hecho de que niños procedentes de países en vías de desarrollo, en los que existe una prevalencia baja de dermatitis atópica, adquieran una prevalencia similar a la de los niños autóctonos cuando emigran a países desarrollados hace pensar que los factores ambientales influyen de forma importante en la aparición de esta enfermedad. Se ha esgrimido que el estilo de vida occidental, el aumento de las sustancias que producen alergia dentro de las casas —principalmente algunos componentes del polvo doméstico—, el mayor grado de contaminantes en el ambiente y la polución, el tabaquismo materno y la reducción de la lactancia materna, son en mayor o menor grado responsables del aumento tan espectacular de la DA en nuestra sociedad. En España, los datos sobre la frecuencia de la dermatitis atópica se asemejan a los de otros países de nuestro entorno, aproximadamente del 10 por ciento de los niños.

Pero tengamos cuidado: no todos los cuadros de lesiones eccematosas en la piel del niño corresponden a dermatitis atópica. Siendo un problema muy frecuente, la DA puede confundirse o coincidir con otras enfermedades de la piel habituales en estas edades, como la dermatitis seborreica de cuero cabelludo y cejas (costra de la leche) o la dermatitis del pañal. De ahí la importancia del consejo del especialista.

VAMOS A CONSULTAR AL DERMATÓLOGO

Nada más llegar a casa Mercedes se fue a consultar a Internet. Lo primero que ocurrió volvió a asustarla: con sólo teclear DA en *Google*, aparecieron más de 150.000 citas. ¡Cuánta información! Navegó por varias webs y el susto no se lo quitaba nadie. Encontró informaciones y datos de todo tipo.

Respiró hondo y tomó rápidamente una decisión: acudir al dermatólogo para que le explicara qué pasaba con la piel de su pequeña. ¡Como era la primera, no tenía experiencia!

La llegada a la consulta

Mercedes llegó por fin a la sala de espera de su dermatólogo. Al entrar, había otra familia esperando. Se sentó y, al observar alrededor, vio como el niño que la otra familia traía a consulta era un torbellino, no paraba de saltar sobre la silla; de repente iba de una esquina a otra de la habitación, rompía las revistas, le pedía cosas continuamente a la madre, y el padre no paraba de reñirle. La madre, desesperada, no cesaba de sacar cosas de su bolso para entretenerlo, pero igual de rápido el niño las tiraba al suelo y lloriqueaba sin cesar.

Ante este espectáculo, no pudo contener su curiosidad:

—Y a su niño ¿qué le pasa en la piel? —preguntó Mercedes a la madre desesperada.

—Pues padece dermatitis atópica —le respondió.

¡Qué sorpresa! De nuevo la famosa enfermedad que a ella también la traía al médico.

—Vaya, tiene un niño muy travieso —apuntó Mercedes para continuar la conversación.

—Qué va, es que es atópico —contestó el padre con resignación—. Ya nos explicó el dermatólogo que son así de inquietos. No paran en todo el día. Cansan a los padres, a los abuelos y al resto de la familia. No hay quien los acueste, y son los primeros en levantarse. En la clase son los mejores en aprender a escribir, a leer, a montar en bicicleta, ¡en todo! Dicen que son niños muy listos, pero no saben por qué.

—Pues creo que mi hija también tiene dermatitis —dijo Mercedes—. A ver qué me dice el médico.

Cuando por fin le tocó el turno, al enseñarle Mercedes las lesiones al dermatólogo, ¡no tenía nada! Pero el médico, acostumbrado a estos cambios de los atópicos, desnudó a la niña y empezó a buscarle otros signos de la enfermedad.

Lo primero que encontró fueron lesiones muy pequeñas, puntiformes, como «carne de gallina» en los brazos, que Mercedes también había tenido toda su vida. Los pliegues de los párpados los tenía la niña muy marcados. Además, encontró ciertas manchas blanquecinas donde antes había dermatitis. Y por supuesto, una piel muy seca, que no había forma de hidratar.

Ante esto, el dermatólogo le explicó que efectivamente tenía DA, aunque no mostrase las lesiones tan evidentes que su vecina le había visto en la cara días atrás.

Su hija es atópica

La primera palabra que se le quedó grabada de la conversación con el médico fue que su hija era atópica.

—¿Y eso qué significa? —le preguntó Mercedes con inquietud.

—Pues eso significa que su hija es algo muy parecido a ser alérgica. Y esta predisposición a la alergia es heredada, de sus padres, abuelos u otros antepasados. Ser atópico incluye reacciones alérgicas no sólo en la piel, sino también en otras partes del organismo. En particular, puede desarrollarlas en la piel, el aparato respiratorio y el aparato digestivo.

—¿Quién de la familia tiene alergia? —quiso saber el dermatólogo.

—Nadie —respondió rápidamente Mercedes—. Pero el médico insistió:

—¿Usted se puede poner pendientes de bisutería? —le preguntó.

—No, me producen eccemas en los lóbulos —contestó Mercedes casi de forma automática.

—¿Y ha padecido alguna vez de asma o de estornudos frecuentes en primavera? —volvió a preguntar el médico, inquisitivo.

—Pues también —dijo Mercedes—. Y mi madre siempre me ha dicho que tuve una piel muy sensible cuando era bebé y que lo pasó muy mal.

—Entonces, usted también es atópica —afirmó el médico con rotundidad.

La explicación del dermatólogo

Seguidamente, el dermatólogo hizo hincapié en que la explicación que le iba a dar era tan importante como el tratamiento, ya que los padres debían comprender en qué consistía la DA para que el tratamiento fuera efectivo. Le quería hacer ver que se trataba de trabajar en equipo: los padres, la niña enferma y el médico: ése era el equipo. ¡Aquí no vale sólo con confiar en el médico, hay que colaborar!

—Tranquilícese —le aconsejó el médico—, la dermatitis atópica es un problema muy frecuente en los primeros años de vida y que tiende habitualmente a una buena evolución.

Se trata de una enfermedad inflamatoria de la piel, con tendencia a repetirse periódicamente, que se caracteriza por picor intenso, enrojecimiento y pequeñas lesiones eccematosas sobre una piel muy seca. Afecta principalmente a la cara, el tronco, los brazos y las piernas. La enfermedad cursa con episodios de empeoramiento («exacerbación» o brote agudo) que se alternan con etapas de mejoría a lo largo del tiempo.

¿Cuáles son los síntomas de la DA?

La dermatitis atópica es un cajón de sastre donde se incluyen síntomas muy variados, que a veces consiguen despistar a los padres.

Nada más entrar en la consulta, los médicos ya sabemos que el niño es atópico, casi sin haber escuchado una palabra de los padres. Son niños inquietos, despiertos, si son lactantes ya miran al médico con el cuello erguido, como si escucharan. Tienen la cara normalmente pálida y unas ojeras falsas que les durarán toda la vida. Es curioso cómo nunca conseguirán una cara tan morena como el resto del cuerpo. Suelen ser delgados y ágiles. Con lo cual, la familia se queja de que no comen bien y por eso están tan delgados. ¡No es cierto, suelen ser fuertes como robles!

El síntoma más frecuente en la piel del niño con DA es el eccema, palabra que corresponde a la irritación de la piel, enrojecimiento (eritema) e inflamación (edema) y aparición de vesículas que pueden romperse por el rascado y salir líquido de las heridas (exudación). De ahí que *eccema* en griego signifique «ebullición», pues antiguamente creían que en la piel de estos niños sucedía algo similar. Los sitios típicos son: cara y pliegues del cuello, axilas, brazos y piernas, aunque pueden aparecer en cualquier zona del cuerpo.

El segundo síntoma es el picor o prurito, que puede ser intenso y afectar al sueño del niño, lo que le provoca intranquilidad e irritabilidad. A veces los padres se quejan de que oyen rascarse al niño desde la cama, con la consiguiente inquietud y desasosiego que les produce. ¡Así no hay quien duerma!, explican al médico. Este picor es típico de la dermatitis atópica y permite distinguirla de otras enfermedades de la piel que se asemejan a ella pero no presentan prurito. El problema añadido es que estas lesiones se pueden infectar con el rascado. No es raro que las vesículas rotas o infectadas formen costras.

A todo lo anterior se pueden añadir muchos síntomas menores, como un tercer pliegue palpebral, manchas blanquecinas en la cara, brazos

y piernas, sobre todo después del verano. A estas manchas, también llamadas «dartros» o «pitiriasis alba», en mi tierra las denominaban «manchas de endeblez», que no es cierto. A veces también muestran descamación en los pies, que fácilmente catalogan como pies de atleta, imposible a su edad.

Estos y otros muchos síntomas pueden aparecer en cualquier momento de la vida, pero son típicos en ciertas etapas del desarrollo:

a) En la infancia: desde las pocas semanas de vida hasta los cuatro o cinco años. Suelen existir lesiones eccematosas en las mejillas que se extienden hasta la frente, por detrás de las orejas y por el cuero cabelludo. Las lesiones pueden también afectar al cuello y al tronco.

b) En la adolescencia: hasta los 12 o 15 años. Las lesiones se hacen más papulosas (elevaciones de la piel) y menos exudativas (líquido que sale de la herida) con tendencia a la liquenificación (engrosamiento de la piel) activada por el rascado. Las lesiones se localizan en los pliegues de la piel, detrás de las rodillas y en el ángulo interno del codo, pero pueden afectar a párpados, labios, orejas, muñecas, manos, tobillos y pies.

c) En la vida adulta: predominan las pápulas y la liquenificación además de una intensa sequedad o xerosis. La localización de las lesiones es similar a la del estadio infantil con preferencia en los pliegues de áreas de flexión y cara. En esta fase, cuando existen lesiones suele producirse un prurito tan intenso que hace imposible la vida normal del paciente.

En casos muy severos la piel de los niños puede infectarse con bacterias, virus (sobre todo del tipo herpes) y hongos. Igualmente, la parte donde ha habido lesiones persistentes puede quedar con zonas blanquecinas por pérdida del pigmento (color) de la piel transitoriamente o, en ocasiones aisladas, de forma prolongada.

¿Estos síntomas los tendrá siempre?

—¿Y todo esto puede pasarle a mi hija? —le preguntó Mercedes al dermatólogo, angustiada por todo lo que le había contado.

—No. Afortunadamente no se tienen más que algunos de estos síntomas, y suelen remitir con la edad —le respondió el dermatólogo con seguridad—. Es una enfermedad con buen pronóstico, si bien en algún caso cuesta trabajo dominarla.

Los médicos antiguos decían que esta enfermedad desaparecía al desarrollarse el niño. Ahora sabemos que más del 50 por ciento desaparece a los 5 años. Sólo un 30 por ciento de niños atópicos tienen síntomas en la pubertad, y menos del 0,1 por ciento después de los 30 años. Por tanto, debe tener paciencia, ¡todo pasa!

También la época del año influye mucho. Están peor en la primavera y el otoño, cuando hay más alergias, y mucho mejor en verano, gracias a los rayos UVA de la playa o del campo.

¿Cuál es la causa de la DA?

—¿Y por qué le ha aparecido esto a mi hija, doctor? —preguntó directamente Mercedes.

—La verdad es que todavía para nosotros es una gran incógnita la DA —le contestó el dermatólogo con humildad.

Se han barajado factores inmunológicos, alérgicos, nutricionales, psicológicos, etcétera, pero ninguno justifica por sí solo la enfermedad. Posiblemente no haya una sola causa; lo más probable es que sea consecuencia de varios trastornos. Es un cuadro multifactorial. Es una enfermedad en la que la herencia o genética es importante, es decir, es más frecuente en familias que tienen o han tenido dermatitis u otras enfermedades alérgicas (alergia a alimentos, asma, rinitis).

Contribuyen a la aparición de los brotes las reacciones alérgicas por alimentos o por inhalantes y los desencadenantes ambientales, como la sequedad, la temperatura elevada, etcétera. Los factores emocionales y las situaciones de nerviosismo y estrés también favorecen los brotes de la

DA. Cada uno de estos elementos tiene importancia diferente según la edad del paciente.

Si le apetece conocer más profundamente este tema, le puede interesar que la investigación en el campo de la dermatitis atópica es muy activa y está alcanzando grados de complejidad que la hacen difícil de entender aun a los especialistas. Sin embargo, sí hay algunos datos que parecen claros y trataré de explicarlos.

La dermatitis atópica tiene una base inmunológica. Es decir, hay un desequilibrio en las células que mantienen las defensas del organismo, de manera que la persona reacciona de forma exagerada a estímulos ambientales (sustancias que producen alergia, que irritan, gérmenes, estímulos emocionales, sudoración...). Se conoce cada vez mejor cuál es el tipo de glóbulo blanco, los linfocitos T colaboradores de tipo 2 (linfocitos Th2), que son los que están excesivamente activados. Estas células son el centro de toda una complicada red de interacciones con otras células inflamatorias (otros tipos de linfocitos T, linfocitos B, células presentadoras de antígenos, mastocitos, eosinófilos...). Al final, la estimulación de estos linfocitos Th2 produce una gran cantidad de compuestos que generan inflamación de la piel. Asimismo, esta actividad de los linfocitos provoca un aumento de la velocidad a la que crecen y se dividen las células de la capa superficial de la piel (la epidermis). También genera un cambio en la estructura de las grasas superficiales de la epidermis, con lo que el agua que contiene esta capa tiende a evaporarse, y deja un aspecto más seco en la piel. Por otra parte, el picor producido por la liberación de diferentes sustancias desde las células inflamatorias (mastocitos, eosinófilos, linfocitos...) hace que el paciente se rasque de forma intensa. Con el rascado se produce un estímulo directo en las células de la epidermis, que activa su división y las hace producir otras sustancias que estimulan a los linfocitos T. Con ello se cierra el ciclo: a mayor picor, mayor rascado, y a mayor rascado, mayor picor. La dermatitis atópica tiene una base genética que predispone a padecer la enfermedad. Sobre esta predisposición continua existen circunstancias que determinan la aparición de los brotes de inflamación y picor en la piel.

¿Por qué tiene la piel tan seca?

—Le he notado a mi hija la piel muy seca desde que nació. ¿Es también dermatitis atópica? —le preguntó Mercedes al médico.

—Todos los niños con DA, además de la tendencia a la alergia, tienen la piel muy seca —le respondió el médico, al tiempo que asentía con la cabeza para dar más énfasis a sus frases—. Es típico de los atópicos, natural en ellos, y suele ser de por vida. Esto se debe a que presentan un defecto en una enzima (delta 6 desaturasa) que les impide formar cantidades normales de ácido linoleico en el manto lipídico que todos tenemos.

Por eso insistimos tanto en que a estos niños hay que estar siempre hidratándolos. Como tienen tan poca grasa en la piel, no se les debe lavar normalmente, ya que los jabones o geles de baño habituales le quitarán la mínima capa de grasa que tienen. Deberán ser especiales con pH ácido o con grasas o aceite de oliva.

¿Qué desencadena los brotes?

La verdad es que se trata de un organismo muy reactivo a todas las proteínas que le llegan a una persona por tres vías diferentes: por lo que la persona respira, por lo que come o por lo que contacta con su piel. Es decir, es fundamental saber qué cuidados debe adoptar la familia con la ropa, con el baño, con las comidas y con la zona de juegos.

Entonces, ¿qué ropa debe usar?

Se recomienda llevar siempre ropa de algodón y evitar materiales como la lana u otros tejidos ásperos que puedan irritar la piel. Cuando le ponga ropa de lana verá que el niño se queja de picor con su contacto. También deben evitarse los tejidos sintéticos, la licra o el nailon. Se aconseja quitar las etiquetas a las prendas, ya que suelen producirle irritación al contacto con la piel, igual que las costuras o prendas muy ajustadas porque favorecen la irritación y el aumento del picor. La ropa ha de lavarse con detergentes no perfumados y, sobre todo, aclararse bien para eliminar los residuos de jabón o detergente. Se recomienda no usar suavizantes.

Un detalle curioso en estos niños es que no saben controlar correctamente la temperatura. Se puede observar que el pequeño se mueve mucho en la cama, se destapa siempre y a veces, cuando está dormido, se inquieta y termina por despertarse. Estos niños o sudan muy poco o lo hacen abundantemente. Son lo que llamaríamos muy calurosos, no toleran el calor, por eso no deben estar muy abrigados o arropados en la cama. Además, si sudan y tienen eccemas en la piel, se ponen a veces a llorar, ya que es como si a una quemadura le aplicáramos sal, por el cloruro sódico que tiene el sudor. ¡Siempre fresquitos lo toleran mejor!

¿Qué comidas debo evitar?

La dieta no debe obsesionar a los padres. Los niños con DA deben tener una alimentación normal, variada y adecuada según la edad. Sabemos que los alimentos que pueden producir más alergias son el huevo y la leche. La leche materna es la fuente perfecta de nutrientes que necesita el bebé para desarrollarse y contiene anticuerpos de la madre que ayudan a combatir las infecciones mientras se desarrolla el sistema inmunológico del lactante, por tanto, no se debería cambiar. Hace años decían que había que pasar a leches vegetales, sin grasas. Hoy no se tiene esta tendencia, salvo en casos rebeldes muy particulares. La lactancia materna protege inicialmente de la aparición de enfermedades infecciosas y alérgicas. Los bebés que reciben leche materna tienen menos probabilidad de padecer DA, por lo que se recomienda amamantar a los niños afectados durante los seis primeros meses de vida. Solamente se alimentará con leches especiales a los bebés alérgicos a la leche de vaca.

Al alcanzar los 2 o 3 años, existen ciertos alimentos que se deben restringir de la dieta de estos niños, no por producir alergias, sino por ser ellos mismos histamino-liberadores (es decir, que fabrican ellos mismos mucha histamina), como la fresa, el plátano y el chocolate. Cuando están en brote, aconsejamos por prudencia que se reduzcan a lo mínimo estos alimentos. Si demuestran episodios de agudización con pescado azul o conservas, también deben eliminarse. Por tanto, no existen «dietas milagrosas». En cualquier caso, ante la mínima sospecha de que los alimentos provocan o aumentan su dermatitis, consulte siempre al pediatra o al dermatólogo. Una dieta inadecuada, además de no resultar eficaz, puede provocar problemas posteriores.

¿Le viene bien el baño?

¡Cuidado con lavar al pequeño en exceso! Acuérdese de que le hemos comentado con anterioridad que su piel es naturalmente seca. En España nos lavamos mucho, más que la media de los europeos, quizá por el clima caluroso, y creemos que a nuestros niños hay que lavarlos igual que a los adultos. ¿Cree usted que su bebé se ensucia tanto la piel de un día para otro? ¡Claro que no! Un bebé pequeño, que aún no ha comenzado a gatear, no necesita de un baño riguroso ni tampoco del uso de mucho jabón y champú. El baño del bebé en esta etapa tiene la finalidad de refrescarlo e higienizarlo, pero sin eliminar la grasa natural de su cuerpo. Es cierto que el baño relaja al niño, ayuda a eliminar las costras, evita infecciones y facilita la aplicación posterior de los hidratantes y otros medicamentos. Pero cuando los niños están en brote, personalmente recomiendo bañarlos en días alternos y con el menor gel posible.

Si no tienen lesiones, el baño puede ser diario, no más de cinco minutos de duración, a una temperatura tibia de unos 33 o 35 ºC. Utilice jabones suaves de pH ácido, si es posible con el calificativo «dermo». Enjuáguelo muy bien, séquelo suavemente y sin frotar, apoyando la toalla en cada parte de su cuerpo. Utilice productos de higiene especiales para bebés, preferentemente sin aromas y de componentes naturales. Si utiliza aceites para baño, tenga mucho cuidado, ya que la superficie de la bañadera se vuelve resbaladiza y puede hacer que su bebé se golpee. Tanto el tipo de jabón o gel de baño como de loción hidratante deben ser según indicación médica.

¿Debo hacer algún análisis o pruebas de alergia?

En la mayoría de los casos es el propio pediatra quien diagnostica la enfermedad tras observar los síntomas principales: enrojecimiento de la piel, picazón y sequedad. Según la intensidad de los síntomas, el pediatra derivará al niño al dermatólogo para tratar el problema. No existe ninguna prueba específica para diagnosticar la DA; se diagnostica bien sólo por la exploración y la historia clínica. La exploración física del niño determina la gravedad y la historia clínica, que incluye los antecedentes familiares, alimentación, aparición de los primeros síntomas, permite orientar el diagnóstico de los desencadenantes y las causas. A veces pedimos la determinación de la IgE (inmunoglobulina E), ya que el 80 por ciento de los niños con DA tienen niveles elevados de IgE en sangre, que es un anticuerpo relacionado con la alergia. La realización de pruebas alérgicas respiratorias y de alimentos no es fiable hasta los 8 o 10 años.

¿Todos mis hijos serán así?

Existen muchas posibilidades. Se ha determinado que si una persona sufre dermatitis atópica, cada uno de sus hijos tiene un 40 por ciento de posibilidades de padecer la enfermedad y un 25 por ciento de tener rinitis, conjuntivitis o asma alérgica. Si tanto el padre como la madre son atópicos, la probabilidad de que cada hijo lo sea también asciende a un 80 por ciento. No obstante, la intensidad de la enfermedad en cada miembro de la familia es totalmente variable: dentro de una familia de rubios siempre hay familiares más rubios que otros.

No se conocen por el momento tratamientos útiles durante el embarazo para evitar que el recién nacido padezca la enfermedad. La única recomendación válida para las mujeres con antecedentes de alergia es que durante el embarazo y la lactancia sigan una dieta variada y saludable y que eviten tomar grandes cantidades de los alimentos más alergénicos (posibles causantes de algunas alergias) como la leche de vaca, huevo, cacahuetes y soja. Es decir, una dieta normal sin sobrecargas. Con todo, no existe seguridad de que sea así.

¡Vamos a ponerle el tratamiento!

La cara de Mercedes ha ido relajándose a medida que el dermatólogo le ha ido explicando todos los detalles de la enfermedad. Ya no tiene ese rictus inicial contraído por la tensión que sufría al entrar en el despacho.

—Ahora vamos a explicarle el tratamiento —le dice el doctor con entusiasmo—. Ya verá como no es tan complicado. Se basa en varios puntos fundamentales que vamos a comentar detenidamente.

Punto 1. Se necesita la ayuda de los padres

Hemos comprobado que los padres de niños con DA sufren con facilidad de enojo, frustración, ansiedad y estrés emocional, que coinciden con los brotes de sus hijos. Como decimos en mi tierra, «atacados» cada vez que el niño se pone peor.

Es necesario advertir que cuando los padres están tranquilos, el niño está tranquilo. Cuando tienen crisis de ansiedad, los niños también están nerviosos, inquietos; y por supuesto, peor de su DA. De ahí que sea primordial conocer y tener presente todo lo relativo a la dermatitis atópica, así como asegurarse de que la pareja, la familia y los amigos más próximos también lo hagan, ya que influirá de forma importante en el curso de la enfermedad.

Punto 2. Cuidados generales

Ya hemos comentado la importancia de la ropa y del baño. Debemos extremar los cuidados de la piel mediante una hidratación correcta, control de los factores climáticos y los del entorno del niño, ya que minusvalorarlo puede agravar los síntomas de la DA.

La hidratación

La hidratación correcta de la piel de estos niños es fundamental. En nuestra opinión, reduce la necesidad de tratamientos más potentes, como el uso de corticoides tópicos. Ya hemos comentado la falta de lípidos en la piel que de forma innata tienen estos niños. Pues hay que hacer que su piel se parezca lo más posible a la normal. Inmediatamente después del baño y tras secar al bebé, aplíquele alguna loción o crema humectante o hidratante. A la hora de elegir la loción o crema más adecuada, se recomiendan las específicas para la dermatitis atópica, ya que suelen incluir en su composición ácido linoleico y sustancias que alivian el prurito. ¡Cuidado con las de avena! Durante años se han usado, pero algunas poco purificadas pueden ser filmógenas (quedar adheridas a la piel) y producir también alergias. La loción hidratante puede aplicarla varias veces en el día, si el niño sigue con la piel muy seca. Usar fórmulas no alcohólicas, sin conservantes ni aromas.

El clima en casa

La temperatura, el grado de humedad o la contaminación ambiental pueden influir en el curso clínico de la enfermedad, aunque no en su aparición. El frío seco reseca mucho la piel, por lo que generalmente los niños atópicos empeoran durante el invierno y mejoran en verano. Tanto la exposición moderada al sol (con fotoprotectores) como el agua de mar mejoran la enfermedad (curas de playa).

Se ha visto que los cambios de temperatura influyen en el aumento del picor. La climatización interior de la casa debe ser adecuada, lo que significa mantener una temperatura ambiental que oscile entre los 18 y los 20 ºC. En invierno hay que evitar las calefacciones a temperaturas muy altas, ya que disminuyen la humedad ambiental y favorecen la sudoración, factores que resecan todavía más la piel. El uso de aire acondicionado puede disminuir el grado de humedad ambiental. Para controlar el grado de la humedad/sequedad pueden utilizarse humidificadores caseros, colocando un recipiente con agua en la habitación donde el niño duerme.

Higiene del entorno

La higiene del entorno es muy importante. Se deben tomar las medidas adecuadas para disminuir los factores irritantes (polvo, tierra) que rodean al niño atópico y que pueden empeorar su enfermedad. Ha de mantenerse limpia la casa, y utilizar preferentemente artículos húmedos (trapo, fregona) que no levanten polvo, así como ventilar bien las habitaciones. Las alfombras, moquetas, cortinas, edredones de plumas y muñecos de peluche no son apropiados para el entorno del niño atópico porque acumulan mucho polvo. Aun en pacientes que no sean alérgicos a los ácaros del polvo, la enfermedad puede empeorar en contacto con el mismo, ya que es un poderoso irritante para la piel. En cuanto a la convivencia con mascotas, lo más recomendable es evitar tenerlas en su habitación.

Punto 3. Controlar el picor

El picor es uno de los síntomas más desagradables y más difíciles de controlar de la DA. El prurito intenso provoca el rascado, favorece la aparición y empeoramiento de las lesiones cutáneas y aumenta el riesgo de infecciones. Este picor y rascado continuo es causa de trastornos del sueño y, en ocasiones, de nerviosismo tanto del niño como de sus familiares.

Para controlarlo se deben usar antihistamínicos por vía oral, nunca tópicos, ya que pueden producir alergias de contacto. Los más utilizados son los antihistamínicos de primera generación, es decir, los primeros que aparecieron, que aparte de reducir o quitar el picor aportan un cierto grado de sedación, ya que pasan al sistema nervioso central. El más conocido de este grupo es la hidroxicina. Es efectivo, barato y de mínimos efectos secundarios. Los de segunda generación, como la cetirizina, y los de tercera generación, como la desloratadina, carecen de ese efecto sedativo que conviene a estos pacientes. Sin duda, debe dejarse aconsejar por el dermatólogo, ya que el tipo, la dosis y el tiempo de tratamiento dependen de la edad del paciente y de la severidad del cuadro.

Punto 4. Corticoides tópicos y otras alternativas

Un punto conflictivo a la hora de explicar a los padres el tratamiento de la DA es el uso de los corticoides tópicos. Sin duda, mejoran notablemente las lesiones, pero los padres miran asombrados al médico cuando los aconseja durante un tiempo, ya que saben que tienen muchos efectos secundarios.

No todos son iguales. Existen de diferentes potencias (baja, media, alta y muy alta), que se aplicarán según la gravedad de las lesiones de la piel. Pero déjese llevar por el criterio del especialista, ya que existe una prevención excesiva sobre ellos. Vamos a explicarlo: es cierto que hace dos o tres décadas, los corticoides tópicos utilizados a diario penetraban a través de la piel del niño y producían los mismos efectos secundarios que si hubieran sido administrados por vía oral. Pero el paso del tiempo ha hecho que hayan evolucionado notablemente, y ahora son muy utilizados los derivados de la hidrocortisona, de potencia débil y cuya capacidad de penetración, en tratamiento de días o semanas, es mínima y, por tanto, de alta seguridad.

En cualquier caso, ¡siga el consejo del dermatólogo y tenga confianza! Piense que, a veces, negarse de forma irracional a usar corticoides tópicos obliga al médico a tratamientos sistémicos que pueden tener más efectos secundarios que los mismos corticoides actuales.

No obstante, recientemente han aparecido nuevas moléculas que pueden sustituir a los corticoides. Tienen una alta eficacia pero sin los efectos negativos de los corticoides. Son inmunomodulares tópicos (tacrolimus y pimecrolimus). Estos medicamentos han permitido aumentar de forma considerable la calidad de vida de los pacientes con DA al actuar sobre el propio sistema inmunitario, responsable en gran parte de la DA. Como no son tan potentes como los corticoides, su función principal es mantener la mejoría conseguida y evitar las recaídas, pero no son útiles en las fases agudas. Presentan algunos efectos secundarios, como el picor que producen al aplicarlos, no poder exponerse al sol y no tener infecciones en la piel, ya que podría favorecerlas. Pueden usarse el tiempo que se quiera, siempre bajo las indicaciones del dermatólogo.

Punto 5. Otros tratamientos

Existe un verdadero arsenal de tratamientos diferentes para los casos rebeldes. Los corticoides orales solamente se utilizarán bajo estricta prescripción médica y en casos severos. Los antibióticos tópicos o por vía oral se usarán cuando exista infección bacteriana, que es una complicación muy común en la DA, provocada principalmente por el rascado de las lesiones de la piel. La fototerapia se utilizará en casos excepcionales y solamente en niños mayores de 6 o 7 años. Consiste en la expo-

sición corporal durante unos minutos a la luz ultravioleta.

Deje que sea el dermatólogo quien le acon-
seje cuando sea preciso y le indique el tratamiento adecuado.

¿Y cuándo debo volver a que lo revise?

Cada tres o seis meses, pero no es seguro que vaya
a seguir habiendo brotes. Lo habitual es que estos
niños sufran recaídas en primavera y en otoño hasta que no llegan a la edad suficiente, en la mayoría
de las ocasiones próxima a los 4 o 5 años. Por tanto,
siga nuestras instrucciones todo este tiempo. Cuando el niño se haya revisado un par de veces, usted
le habrá cogido a esto el truco igual que nosotros,
el método es siempre similar, sólo precisa tranqui-
lidad y comprender la enfermedad.

CAPÍTULO IV

El acné

JULIÁN SE DESCUBRE, SORPRENDIDO, GRANOS EN LA CARA

Cada vez que se levantaba, lo primero que hacía como un autómata era mirarse al espejo. Ese día dio un brinco: observó cómo varios puntos negros que tenía en las mejillas se habían inflamado y convertido en puntos de pus.

«¡Qué horror, tengo la cara llena de granos!», pensó Julián con pavor. «Pero ¡si sólo tengo 15 años!».

Él ya los conocía por algunos de sus compañeros de clase, pero nunca creyó que le fueran a aparecer a él. Su cara de pronto se ensombreció al recordar que precisamente esa tarde tenía una fiesta. ¿Cómo iba a ir con esa cara? ¿Qué dirían sus amigas? ¿Les daría asco?

Lo primero que hizo fue lavarse la cara varias veces con jabón y apretarse los granos. Por desgracia, todavía se le inflamaron más. «¡Vaya, estoy todavía peor!», pensó con desesperación. «¿Y aho-

ra qué hago? Así no salgo, me quedo en casa».
Y fue lo que hizo, angustiado.

¡No soy el único!

Julián no quiso comentar a su familia lo afectado
que se sentía. Al único que se atrevió a preguntarle fue a su compañero de habitación: el ordenador.
Seguro que no le fallaría. Efectivamente, con sólo
teclear la palabra *acné* le aparecieron millones de
citas.

«¡Caramba, no creía que fuera un problema tan común!», pensó. Siguió buscando en un navegador y vio que quedaban recogidas miles de páginas web y foros de discusión, con comentarios y testimonios de todo tipo de personas que lo habían padecido. El testimonio más citado era del director de cine Steven Spielberg, quien se describía a sí mismo en la adolescencia como «un chico raro y esmirriado con acné». Igualmente citaban las palabras de Luis García Berlanga: «Desde los 12 o los 13 años me acomplejé hasta unos niveles tales que yo creo que me han marcado hasta hoy, y me siguen marcando. Entre que creía que era un monstruo que no debía salir a la calle, que la gente no me debía ver y mi timidez patológica, yo sufría mucho, mucho... Para mí, el acné era algo que me marginaba de la sociedad».

Y siguió leyendo. «Por si a alguien le sirve de consuelo, y salvo excepciones como los kitava de Papúa Nueva Guinea y los aché de Paraguay, que no saben lo que es una espinilla, la epidemia es democrática. Afecta por igual a anónimos mortales y a cánones de belleza con presupuestos de vértigo para su cara bonita, como Cameron Díaz (cuyo ataque de acné durante el Festival de Cannes de 2007 fue más que aireado por los medios: hicieron falta dos maquilladores para solucionarlo), Britney Spears o Leonardo Di Caprio. Hasta nuestra Belén Rueda se las vio y se las deseó para disimular sus imperfecciones sebáceas ante las cámaras en aquel *Vip noche* de hace 15 años».

Incluso encontró una página web donde se podían consultar los problemas de acné de los famosos (www.skinema.com).

La enfermedad más frecuente del ser humano

Casi todo el mundo ha tenido, tiene o tendrá episodios de acné alguna vez en su vida.

Se trata de la enfermedad más frecuente del ser humano. En concreto, afecta al 85 por ciento de la población entre los 12 y los 25 años, aunque sólo un 20 por ciento precisa tratamiento. No obstante, puede aparecer a cualquier edad, desde los 8 o 9 años. Su pico de incidencia es a los 14 en las mujeres y a los 16 en los varones. A partir de los 20, tiende a remitir, aunque a los 40 años, el 1 por ciento de los hombres y el 5 por ciento de las mujeres aún presentan actividad.

La importancia del acné en la juventud

Durante muchos años algunos médicos han considerado el acné como «cosas de la edad», o sea, un proceso banal y fisiológico que no requiere tratamiento. Sin embargo, los datos justifican de sobra que se preste atención al problema.

En un estudio en España:
- El 38,27 por ciento de los jóvenes con acné grave o moderado (lo que representa casi cuatrocientas mil personas) ha dejado de salir de casa por culpa de este padecimiento.
- En el 20,7 por ciento de los casos, el acné ha afectado a sus estudios.
- En el 48,7 por ciento ha interferido en sus relaciones con personas del sexo opuesto.
- En el 30 por ciento ha generado problemas con sus compañeros.

Sin ir a casos tan extremos, un 22,8 por ciento de quienes lo sufren, sea cual sea su gravedad, se siente bastante o muy preocupado por padecerlo; a un 22,4 por ciento le produce vergüenza y casi un 30 por ciento reconoce haber modificado, debido a los granos, sus actividades diarias (asistir a clase, hacer deporte, quedar con los amigos o con una persona del sexo opuesto...). El hecho de que en la mayoría de los casos afecte a la cara, la parte más expuesta del individuo, y en la adolescencia, esa etapa vital en que las relaciones sociales resultan de gran importancia, no es de extrañar que su presencia tenga repercusiones psicológicas.

No son exageraciones. En los últimos años los adolescentes se hacen mayores mucho antes, así que también empiezan a preocuparse antes por su apariencia. Pero, al mismo tiempo, carecen de la necesaria madurez para acometer y superar los conflictos que les depara la falta de coincidencia

entre cómo son y cómo creen que deberían ser.
A veces, cada año, algunos chicos vuelven a clase
muy cambiados, con la cara llena de granos. Cuando empiezan a padecerlos, su comportamiento
también cambia. Se vuelven más inseguros, nunca
preguntan nada en clase, procuran no salir a la pi-
zarra, se tapan la cara con el pelo y no se relacionan
con otros compañeros, sobre todo del sexo contrario. Hasta las notas bajan. Los padres no se dan
cuenta del verdadero problema, pero el acné puede también influir de forma importante en los resultados académicos. Y al revés: cuando se someten
a tratamiento y consiguen eliminar su acné, cambian
su forma de comportarse de nuevo, y vuelven a ser
mucho más participativos y abiertos.

En cifras reales de la Academia Española de
Dermatología y Venereología, el 38 por ciento de
los jóvenes con acné grave o moderado, en algún
momento, han dejado de salir de casa por vergüenza y miedo, mientras que otro 20 por ciento con-
firmó que el problema afectó a su rendimiento
académico. En mayor proporción, un 49 por ciento reveló que ha interferido en sus relaciones con
el sexo opuesto, y un 30 por ciento tuvo problemas
con sus compañeros.

«Tener acné es más que un asunto estético.
Erosiona la confianza de la gente y destruye su
autoestima», proclamaba Renée Zellweger cuando llevaba a la pantalla la biografía de Janis Joplin.

La cantante de los setenta vivió un infierno con el acné que Zellweger ha admitido compartir.

En resumen, no debemos minusvalorar los sentimientos de cualquier joven que padezca acné. A veces los pacientes con acné sufren niveles superiores de ansiedad y depresión que otras poblaciones médicas, incluidos los pacientes diagnosticados de cáncer. En ocasiones se produce el milagro y la desventaja da frutos inesperados: «El acné y el hecho de medir un metro noventa y pesar apenas 63 kilos cuando tenía 17 años me llevaron al encierro, la lectura y las ganas de escribir», ha admitido el escritor colombiano Efraim Medina.

También es un problema de adultos

No piensen que se trata de un problema sólo de adolescentes. En diversos estudios ha quedado patente que en la actualidad la edad media de las mujeres que sufren acné son los 26 años. A los 40 años todavía lo padecen un 1 por ciento de los varones y un 5 por ciento de las mujeres, según apuntamos antes. A falta de investigaciones que profundicen en las causas de tan espectacular desplazamiento cronológico desde la tierna adolescencia a la correosa edad adulta, los expertos se inclinan por una combinación de factores fisiológicos (anormal producción de andrógenos, alergias, enfermedades infecciosas) y ambientales a la hora de interpretar este inopinado incremento del acné en personas maduras.

En la edad adulta sus repercusiones son muy importantes. Como dice la doctora Aurora Guerra, jefa de sección de Dermatología del Hospital 12 de Octubre de Madrid, en su libro *Vivir el acné:* «Las alteraciones cutáneas inestéticas que aparecen en la edad media de la vida suelen producir ansiedad, inseguridad, depresión e insomnio, con sus consiguientes efectos negativos sobre el aspecto social, familiar y sexual. Incluso una vez curado, las cicatrices dejan secuelas permanentes que marcan física y psicológicamente a su poseedor. A ello se deben añadir los inconvenientes laborales. Está demostrado que, en igualdad de condiciones, al paciente con acné le resulta más difícil encontrar empleo que al que no lo padece».

Por desgracia, las personas que padecen acné son discriminadas en los procesos de selección, sobre todo en un empleo de cara al público. Otras veces la discriminación se la hacen los propios candidatos, adultos o jóvenes. Los problemas que el acné puede generar en el área laboral van todavía más allá. Creen que los van a despedir del trabajo, no se concentran y están cada minuto en el aseo mirando cómo van los granos.

Es indudable que durante la adolescencia la sobredimensión de lo estético convierte al acné en un detractor de la autoestima. Muchos adolescentes, aunque los «grandes» no lo entiendan, se ven paralizados emocionalmente por este problema y presentan dificultades para interrelacionarse con sus amigos y sus padres.

¿CUÁLES SON LAS CAUSAS DEL ACNÉ?

Julián ya respira aliviado al saber que tiene algo común, pero quiere saber por qué le han aparecido los granos. Y no es el único desinformado. El 90 por ciento de los jóvenes españoles tiene una información escasa y equivocada sobre el acné, y un 60 por ciento declara que desearía disponer de más datos sobre prevención y tratamiento, según un estudio de la Academia Española de Dermatología y Venereología. Por eso, Julián llamo a Álvaro, su colega del instituto, al que todos consideraban como un empollón. Seguro que él le aclararía lo que pasaba en su piel.

Álvaro le explicó:

—Mira, tío, no te líes. Yo he leído el libro de Fisiología Humana de mi hermana (la que estudia Medicina) y dice que a nosotros los adolescentes nos salen granos debido al cambio hormonal que ocurre a nuestra edad. La mayoría de las veces, las glándulas sebáceas producen la cantidad adecuada de sebo, pero a medida que el cuerpo del adolescente comienza a madurar y a desarrollarse, las hormonas estimulan las glándulas sebáceas para que produzcan más sebo y la actividad de estas glándulas puede ser demasiado intensa. Una gran cantidad de sebo y de células de la piel muertas los obstruyen. Luego, las bacterias pueden quedar atrapadas dentro de los poros y reproducirse, lo que hace que la piel se hinche y se ponga roja: es el comienzo del acné. Por tanto, es del desarrollo sexual, y no tiene nada que ver con tomar comidas grasosas, como patatas fritas o pizza, ser adicto al chocolate o beber gaseosas. El verano lo mejora y el estrés lo pone peor.

—¡Vaya tela con este empollón, se lo sabe todo! —exclamó Julián—. ¡Así que todo es por las dichosas hormonas masculinas! «¡Por eso me notaba yo que me estaba también creciendo el bigote!», pensó, intentando razonar.

Cuestión de hormonas

Álvaro siguió explicándole:

—La hormona masculina, la testosterona, la tenemos hombres y mujeres. Cuando a los 10 o 12 años empieza a elevarse, la piel del adolescente experimenta un cambio muy notable. De ser casi perfecta, aterciopelada, comienza a tornarse opaca, con brillo por la grasa. En la zona de la nariz, empiezan a aparecer puntos negros. Unido a esto, el pelo que antes estaba siempre perfecto también se ensucia antes, se vuelve más opaco y hay que lavarlo casi diariamente.

»—Este cambio hormonal desencadena una serie de procesos que terminan produciendo acné —añadió Álvaro—. Lo primero es el crecimiento de la glándula sebácea de forma rápida y notable, hasta el punto de estar más de veinte veces mayor que antes de la pubertad. Sabemos que en el acné hay un incremento en la producción de sebo comparado con personas normales. Pero lo peor es que esta glándula tan enorme no funciona bien. La secreción grasa que nos pone aceitosa la cara está mal hecha. Ya no tiene bien proporcionadas las cantidades de ácidos grasos libres, colesterol, triglicéridos y escualeno. Es como cuando hacemos una ensalada y la aliñamos mal. ¡Cómo nos escuece la lengua si está muy fuerte! Pues esta mezcla mal hecha «achicharra» las paredes de la glándula y sobre todo el poro de la piel por donde sale, y hace que las paredes se hinchen y se taponen por formación de escamas. Es lo que se llama «hiperqueratosis folicular».

»—Fíjate qué follón —continuó—: se tapona el poro por donde sale fuera la grasa, pero lo peor es que la glándula sebácea sigue produciendo grasa alterada, hinchándose como un globo. Entonces se forma el comedón o punto negro. Si en ese momento se aprieta, sale como un gusanillo que en realidad es una mezcla de grasa mal hecha unida a las escamas con queratina de las paredes del conducto.

Pero la cosa se complica

»—Después, todo se complica. Dentro de esa glándula obstruida existen bacterias que viven normalmente en la piel. Como la glándula está llena de grasa, empieza a proliferar y entonces llega la infección. La bacteria relacionada con el acné se llama *Propionibacterium acnes*, aunque pueden también colaborar otras como *Staphylococcus epidermidis*. Lo que nosotros notamos es un punto negro que de repente se hincha y aparece el punto de pus amarillo.

»—El organismo detecta la infección y contraataca con sus glóbulos blancos o polimorfonucleares, que empiezan a producir enzimas, sustancias corrosivas que destruyen todo. En ese momento, el grano está inflamado y duele.

»—Como el organismo siempre gana en su lucha contra las bacterias, se acaba todo. Pero los misiles con sus bombas que han lanzado los glóbulos blancos contra las bacterias también producen daños colaterales en la piel de alrededor. Es como el «fuego amigo» en las guerras. Y ese daño es la cicatriz resultante que a veces queda como un verdadero cráter en la piel.

»—Y el proceso se repite de nuevo una y otra vez en otros lugares de la cara —termina de explicarle Álvaro.

Cómo se manifiesta el acné

Julián quedó fascinado por la explicación de Álvaro. ¡Cómo iba él a sospechar que todo era tan complicado! Con las ideas más claras, fue a la biblioteca del colegio y leyó en los libros de medicina otros detalles técnicos:

«El acné es una enfermedad polimorfa, es decir, que adquiere una gran variedad de formas en su presentación» (véase figura 3).

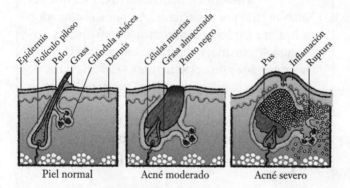

Figura 3. Piel normal, acné moderado y acné severo.

Una persona con acné puede tener en la piel:

- *Seborrea*. Es el exceso de secreción sebácea. Ocurre en la cara y el tórax. La piel aparece brillante, untuosa, con dilatación aparente del orificio de salida del folículo pilo-sebáceo. Aunque los pacientes acneicos producen más cantidad de sebo que los no afectados, la intensidad del acné no siempre está relacionada con la intensidad de la seborrea.
- *Comedón*. Es la lesión más característica del acné. El comedón cerrado es difícil de visualizar, apreciándose una sobreelevación cutánea de color blanquecino o amarillento. El comedón abierto o espinilla suele ser plano o aparecer como una pequeña elevación dura de color negro debido a la acumulación de melanina.
- *Pápula*. Es una evolución del comedón, generalmente del cerrado. El comedón abierto no suele dar lugar a lesiones inflamatorias a no ser que sea manipulado por el paciente. Así pues, el comedón adquiere carácter inflamatorio, enrojece y aumenta de tamaño, quedando configurada la pápula como una zona eritematosa, sobreelevada, de tamaño oscilante entre uno y cuatro milímetros, generalmente dolorosa.
- *Pústula*. Es la evolución de una pápula, con elevación de la piel, de contenido purulento y profundidad variable, que se acompaña de escozor y dolor.
- *Nódulo*. Es una lesión infiltrativa profunda, recubierta de piel normal que evoluciona lentamente hacia la inflamación y resolución con formación de cicatrices. Puede originar abscesos con fluctuación y drenaje de pus al exterior.

> • *Quiste*. Elevación de la superficie de la piel, de tamaño variable, que es normal, salvo cuando sufre episodios inflamatorios ocasionales, en que se vuelve eritematosa.
> • *Cicatrices*. Lesiones como consecuencia de la destrucción de la piel, que pueden ser atróficas, hipertróficas o queloideas.

Grados del acné

Aunque existen varias clasificaciones, se suele hablar de:
• Acné leve: aparece el comedón cerrado y el comedón abierto.
• Acné moderado: se caracteriza por pápulas y pústulas.
• Acné severo: las lesiones anteriores dan lugar a nódulos y quistes que pueden llegar a ser muy dolorosos.

Tipos de acné

• Acné comedoniano: cuando predominan los comedones.
• Acné papulo-pustuloso: cuando existen múltiples pápulas y pústulas. Puede ser leve, moderado y grave o severo.
• Acné nódulo-quístico: cuando existen nódulos y quistes. Es la forma más grave y suele dejar cicatrices muy visibles.

EL ACNÉ EN MUJERES ADULTAS

En los últimos años se ha producido un aumento considerable de personas adultas que presentan acné. En particular, este hecho es más frecuente en mujeres que en hombres. Se ha observado que un 20 por ciento de mujeres pueden tener acné a partir de los 25 años, y un 4 por ciento lo siguen teniendo a partir de los 40. Los dermatólogos decimos que una persona de 25 años que presente acné padece un «acné tardío».

En estos casos, la causa fundamental es hormonal. A partir de los 20 años, el nivel de andrógenos va reduciéndose progresivamente y las probabilidades de presentar acné deberían ser muy bajas. Pero algunas jóvenes siguen manteniendo niveles altos de andrógenos, por padecer quistes en los ovarios (síndrome de ovarios poliquísticos), una función alterada de la glándula suprarrenal (hiperplasia suprarrenal) o un adenoma hipofisario.

La segunda causa es el estrés. En estos casos suelen presentarlo en la parte inferior de la cara, alrededor de la boca y la barbilla. En realidad, los andrógenos y los corticoides también se ven incrementados por el nivel de estrés en nuestro cuerpo, de manera que cuando estamos nerviosos tendemos a padecer de «granos».

La tercera causa es cosmética. El abuso de cremas y cosméticos para disimular imperfecciones también pueden producir acné, ya que obstruyen el folículo. Para evitar esta situación, debemos cerciorarnos de que el cosmético está probado dermatológicamente y clasificado como no comedogénico u *oil free* (libre de grasa).

ACNÉ Y VELLO: NO ES CASUALIDAD

A veces el acné se acompaña de aumento del vello. Algunas jóvenes con acné observan crecimiento de vello que antes no tenían, sobre todo en la cara, en las mamas, en el centro del pecho y en la zona suprapúbica. Está producido por el incremento de los andrógenos. Un ejemplo de esto es que los andrógenos estimulan las glándulas sebáceas durante la menstruación; por esta razón, las mujeres tienden a tener granos o espinillas durante esta época. Además del vello, estas pacientes notan un exceso de grasa en la piel y menor densidad del cabello. El pelo se vuelve más fino y claro, sobre todo a partir de los 20 años.

Todas son situaciones específicas producidas por el aumento de los andrógenos, que deben ser consideradas por su dermatólogo. A veces necesitará la ayuda del ginecólogo para encontrar las causas y coordinar conjuntamente los tratamientos.

Consideraciones importantes antes de iniciar el tratamiento del acné

Julián ya tenía una idea más clara de lo que estaba sucediendo en su cara, lo que realmente necesitaba era ir al dermatólogo. Y se puso manos a la obra.

La importancia de hablar del problema con el dermatólogo

Nada más entrar por la puerta, el dermatólogo sabía a lo que venía Julián. Desde una cierta distancia ya le veía la cara llena de granos. No en vano es el motivo de consulta más frecuente en los jóvenes.

Es importante destacar la importancia de la entrevista en los pacientes con acné. Lo primero que el dermatólogo quiso saber era lo que suponía para Julián padecer la enfermedad. Cada adolescente vive de forma diferente el padecer acné. Para evaluar cuánto les preocupa, es necesario usar preguntas indirectas como si el acné les preocupa más a ellos o a sus padres, o si alguna vez se han quedado en casa sin salir por culpa de los granos. Por ejemplo: un chico de 14 años con acné severo puede estar poco molesto, y una chica de 16 años con escasos comedones puede estar muy preocupada y dispuesta a hacer todo lo posible por controlarlos. Por eso es tan importante indagar sobre estas cuestiones en los pacientes con acné.

En esta entrevista también se incluyen preguntas importantes sobre los tratamientos utilizados previamente y las circunstancias que agravan su acné (menstruación, ciertas comidas, etcétera), así como si el paciente está recibiendo alguna medicación que pueda exacerbar o causar acné (corticoides, litio, yodo, fenitoína, esteroides anabólicos y altas dosis de vitamina B2, B6 y B12). Los anticonceptivos orales pueden mejorar el acné, pero los que tienen un alto contenido progestacional pueden incrementarlo.

En segundo lugar, el dermatólogo quiso saber si Julián entendía lo que le estaba sucediendo en la piel. Conocedor de la importancia de que el paciente no se calle sus dudas, dejó hablar a Julián. El dermatólogo fue respondiendo a sus preguntas sobre ciertos mitos en el acné y recomendándole hábitos de higiene.

Y en tercer lugar, le explicó las posibilidades de éxito de los diferentes tratamientos y por qué se ha escogido el tratamiento que debe seguir. Asimismo, qué es lo que debe esperar del tratamiento. Los pacientes deben ser conscientes de todo lo bueno y malo que puede ocurrir mientras están curando su acné.

Estos tres puntos son vitales para el éxito del tratamiento. Después de 25 años de ejercer la dermatología, tengo la seguridad de que un buen tratamiento fracasará inexorablemente si no se dedica tiempo a aclarar todo lo anterior. Que el paciente deposite su confianza en nosotros dependerá de cumplir los tres puntos anteriores.

Mitos sobre el acné

Julián tenía muchas dudas, que expuso a su dermatólogo. Éste fue contestándole una a una a todas ellas:

La mejor manera de terminar con los granos es reventarlos. No es cierto. Algunas personas te dirán que si te revientas los granos se notarán menos y se curarán más rápido, pero están equivocadas. Reventar o apretar los granos hace que los gérmenes penetren más profundamente en tu piel, lo que podría provocar un enrojecimiento mayor, dolor, e incluso una desagradable infección... Los puntos negros no son suciedad, sino comedones abiertos. Para eliminarlos, hay que realizar una limpieza en condiciones adecuadas de higiene y esterilidad, con cuidado de no apretar en exceso. Nunca debe hacerse esto porque se corre el riesgo de que marcas y cicatrices se queden en el rostro de manera permanente.

Los remedios caseros pueden ayudarme. Cuidado: aplicar pasta de dientes o limón sobre los granos, secarlos con alcohol y otros recursos similares tienen resultados poco beneficiosos sobre el acné e, incluso, pueden empeorarlo.

El sol quita el acné. Es cierto que en verano el acné mejora por el efecto beneficioso antiinflamatorio y antibacteriano de los rayos UVA. Pero cuidado: después del verano puede ocurrir un rebrote intenso si se ha mantenido una exposición prolongada, ya que se engrosa la piel y se obstruyen los poros. Exponerse al sol sin la protección adecuada puede resecar, irritar o quemar tu piel (sin mencionar que aumenta el riesgo de que desarrolles arrugas y cáncer de piel en el futuro). Y si alguna vez pensaste en las cabinas de rayos UVA, son aburridas, costosas y peligrosas porque también aumentan el riesgo de desarrollar cáncer de piel.

No está permitido usar protección solar, hidratantes o aftershave. ¡Claro que se pueden usar! Junto al tratamiento recomendado por tu dermatólogo, puedes usarlos si los necesitas. Si utilizas demasiada medicación para terminar con tus granos, es posible que tu piel se reseque o irrite. Escoge protectores solares en forma de gel, así como hidratantes *oil free*. Son un buen complemento.

El maquillaje empeora los granos. No es cierto. De hecho, los dermatólogos aconsejamos su uso en caso de que la paciente lo desee. Incluso en varones. El maquillaje puede llegar a ser complementario al tratamiento. Hay cosméticos «no comedogénicos» o «no acnegénicos» *(oil free)*, que no taparán tus poros ni provocarán erupciones que taponen el folículo por el que la grasa de la piel sale al exterior y que ofrecen resultados óptimos.

Dieta y estrés

Los manuales de dermatología incluían hasta los años cincuenta restricciones en las dietas de los pacientes con acné. En la actualidad son muy pocos los dermatólogos que creen en la relación entre la dieta y el acné. No hay estudios completos sobre el tema, y cada estudio que prueba la relación entre dieta y acné es inmediatamente atacado por muchos médicos.

Pero nuestros pacientes no piensan igual. Es curioso cómo la percepción de los pacientes es que la dieta guarda una estrecha relación con los granos en la cara. En un estudio en Canadá casi el 44 por ciento afirmaron que habían comprobado personalmente empeoramiento con ciertas dietas. De ellos, el 12 por ciento específicamente mencionó en primer lugar el chocolate y en segundo lugar las comidas grasas.

No creemos que ese chocolate que comiste anoche o la porción de pizza de la semana pasada sean los responsables del grano que apareció hoy en tu cara. En las estadísticas más optimistas, el

10 por ciento de las personas que comen chocolate empeoran de su acné, pero no se sabe la causa. Podría ser que lo produjese más el 50 por ciento de azúcar que contiene que el 50 por ciento
restante de grasa de cacao. Pero a veces, como el
dermatólogo no sabe si eres de ese 10 por ciento,
puede, de entrada, prohibirlo.

Otros alimentos analizados fueron la leche,
los yoduros y los azúcares, aisladamente o en conjunto, y tampoco se encontró relación alguna. Por
tanto, parece que la comida influye poco en el acné
y los datos son más bien un ejemplo de una asociación estadística que no refleja relación causal.
Por el contrario, sí parece existir relación cuando
se han ingerido altas dosis de proteínas, de las que
toman los que hacen culturismo, así como complejos vitamínicos ricos en vitamina B12.

Aunque se diga que la alimentación no influye en el acné, es importante destacar que una alimentación sana y equilibrada ayuda a tener una
piel sana y buena salud.

Contrariamente, un factor claramente relacionado con el empeoramiento del acné es el estrés.
Más del 70 por ciento de los pacientes con acné
afirman empeoramiento en esos momentos. Su
explicación es fácil: elevan rápidamente la cifra de
cortisol y de andrógenos en sangre. ¡Esto sí es
realmente cierto!

APRENDE A CONOCER TU PIEL

Hábitos de higiene

Había algo que le preocupaba mucho a Julián: cómo debía lavar su cara a diario. El dermatólogo fue claro, y le enumeró una serie de consideraciones importantes:

- Limpiar la piel con un jabón o gel específico para pieles acneicas. Existen en el mercado geles limpiadores de pH ácido, e incluso algunos contienen sustancias bactericidas, como el acetato de zinc.
- Es conveniente lavarla tanto por la mañana como por la noche con agua tibia. Si se hace deporte, lavarla después de terminar.
- No es aconsejable lavarla en exceso, ya que ello podría irritar la piel e incluso empeorar el acné.
- Secar la cara con una toalla limpia, con suaves toques.
- Lavar el cuero cabelludo al menos dos o tres veces por semana e intentar mantener el pelo despejado de la cara.
- Evitar el contacto en la piel de gominas, espumas y otros agentes para fijar el pelo, ya que pueden producir agravamiento del acné.
- No apoyar las manos sobre la cara ni manipular continuamente las lesiones.
- Y si tiene un trabajo en el que está en contacto con aceites —por ejemplo, un restaurante de comida rápida o una estación de gasolina—, evitar tocarse la cara y lavarla bien, así como las manos, al llegar a casa.

Y ahora el tratamiento

Después de todas las explicaciones anteriores y con la atención de Julián fijada ya en el problema, el dermatólogo fue explicándole la sistemática de tratamiento.

—Una vez informado el paciente sobre la naturaleza del acné y su carácter autolimitado —le comenta el dermatólogo— debemos establecer el tratamiento, que en la mayoría de los casos tiene como objetivo eliminar las lesiones y prevenir sus complicaciones, pero no la desaparición definitiva del proceso. Por eso es muy importante avisar de que lo deberá mantener largo tiempo, ya que realmente no podemos eliminar de forma drástica las hormonas masculinas.

El tratamiento del acné es muy variado. Existen miles de preparados farmacéuticos específicos. El diseño del tratamiento dependerá del tipo de acné y de las circunstancias específicas de cada paciente. Por eso es muy difícil que el tratamiento que sigue una persona tenga efectos beneficiosos en otra.

Tiene dos pilares fundamentales: el tópico, es decir, los tratamientos con cremas, geles o soluciones; y el tratamiento oral, que incluye antibióticos e isotretinoína. El dermatólogo, dependiendo del grado de acné, recomendará uno u otro. Es frecuente comenzar con un tipo de tratamiento, y si no hay respuesta adecuada o se producen recaídas, cambiarlo.

El tratamiento tópico del acné incluye antibióticos como la eritromicina y la clindamicina, solos o asociados al peróxido de benzoilo. También se utilizan los retinoides tópicos, que son derivados de la vitamina A, como el ácido retinoico, el adapaleno, el tazaroteno y la isotretinoína. Los retinoides son muy eficaces en el acné, tanto mixto como comedoniano o microquístico (para entendernos, el de puntos negros o el de pequeños quistes) pero su efecto imitativo, sobre todo al principio, desanima a algunos pacientes a continuar usándolos. Actualmente existen fórmulas menos irritantes, así como asociaciones con antibióticos en el mismo producto.

En cuanto a los tratamientos orales, se suele empezar con antibióticos orales como la doxiciclina o la minociclina, que actúan como antiinflamatorios y deben mantenerse durante tres o cuatro meses, dependiendo del paciente y el grado de acné. Uno especial es la mencionada isotretinoína, que constituye el tratamiento con resultados más definitivos en el acné. Además, está especialmente indicada en acnés con tendencia a cicatrices.

Algunos detalles fundamentales

- Si aprecia que al principio no mejora su acné, no debe desmoralizarse, ya que hasta el mes de comenzar no suelen verse los efectos beneficiosos.
- A veces, los tratamientos del acné producen irritación por contener sustancias que disuelven la

queratina. Esto no es malo, pero tampoco se debe continuar si irrita excesivamente.

• Los dermatólogos prescribimos tratamientos largos, a veces de meses, con antibióticos tópicos u orales para el acné. No tenga miedo. Son para combatir al *P. acnes*, así como para reducir la inflamación y la secreción sebácea.

• Debe evitarse el uso indiscriminado de antibióticos, ya que puede producir resistencias bacterianas para el futuro.

• Debe seguir siempre las indicaciones de su dermatólogo respecto a la pauta de dosificación (número de tomas al día y dosis) y administración (con o sin alimentos); e informarle de otras enfermedades o medicamentos que tome.

• Cuidado con el sol: algunos tratamiento en cremas (los retinoides) o por vía oral (las tetraciclinas o la isotretinoína) pueden producir una extrema sensibilidad al sol y lesiones importantes.

• No se desmoralice por necesitar varios tratamientos para controlar su acné. La falta de respuesta no se debe a que el tratamiento haya sido inadecuado, sino a factores asociados difíciles de controlar, como el estrés, resistencias bacterianas o sensibilidad acentuada de su piel.

¿Por qué no me pone isotretinoína?

—Algunos amigos de mi clase que tenían muchos granos en la cara están ahora sin nada gracias a la isotretinoína —le comenta Julián al doctor.

—Se trata realmente de un medicamento extraordinario, varias veces premiado como «molécula del año» en Estados Unidos, que ha sido consumido por más de trece millones de personas en todo el mundo durante las últimas dos décadas —le responde el dermatólogo.

Hoy es el único tratamiento del acné que consigue curaciones definitivas, próximas al 80 por ciento de los casos tratados. Pero su uso lo restringimos a aquellos casos que tienen quistes y nódulos o bien a los que sean resistentes a otros tratamientos.

—¿Y qué problemas tiene? —le pregunta Julián con curiosidad.

—Requiere precauciones especiales, como evitar el sol, el alcohol, el embarazo..., así como realizar controles analíticos periódicos, y en las mujeres, debido al riesgo de teratogenicidad o malformaciones fetales, es necesario el uso de anovulatorios si está en edad fértil para evitar embarazos. Deben vigilarse las transaminasas, el colesterol y los triglicéridos, ya que en ocasiones se elevan un 20 por ciento durante el tratamiento. La duración de éste se establece en función de la dosis total por kilo de peso, pero suele ser de cinco o seis meses. La depilación con cera, los *peelings* y el láser de depilación deben evitarse hasta algunos meses después de terminar el tratamiento. También hay que avisarlo por si se somete a una cirugía por láser de la miopía, ya que la isotretinoína retrasa la cicatrización.

Por eso es el dermatólogo el único que puede pres-
cribirlo —le aclara el doctor.

—He leído que puede estar contraindicado en
personas con depresión. ¿Es cierto? —pregunta Julián,
haciéndole ver al doctor que ha leído sobre el tema.

—Desafortunadamente, el acné severo puede
llevar a algunas personas que lo sufren a la depresión
y también puede afectar a su estado de ánimo y a su
autoestima —le contesta el dermatólogo—. Se han
detectado algunos casos de depresión y suicidio en
personas que han tomado isotretinoína. Pero realmente han sido muchos millones de personas los que
han sido tratados con este fármaco desde que en 1979
salió al mercado, y el índice de suicidios ha sido igual
o inferior al que existe de por sí en las personas con
acné. Aún no está clara esta relación. Pero lo prudente es que personas con depresión no lo tomen.

—Mi acné es intenso, no padezco depresión
y voy a tener cuidado para evitar sus efectos secundarios. ¿Por qué no me lo receta a mí? —le su-
giere Julián con cara de ilusión.

—Como la severidad de tus lesiones lo aconsejan, ¡adelante!, pero atento a mis indicaciones
—le advierte el dermatólogo.

TRATAMIENTO DE LAS CICATRICES

—La última pregunta —le dice Julián al dermatólogo—. ¿Qué hacemos si me quedan cicatrices?

—Si existe un problema estético difícil de
corregir, es la cicatriz consecutiva al acné. Esto se

debe a que son auténticos cráteres en la piel, con los bordes en sacabocados o en «pico de hielo» —le responde el médico—. Por eso preferimos prevenir que curar. Pero si quedan, hay muchas formas de corregirlas. Podemos resumirlas así:

• Primero, trataremos de quitarlas practicando durante meses un «lijado» en la piel mediante *peelings* químicos, que uno mismo puede hacer en casa o bien los dermatólogos en la consulta. Los más usados son los de ácido salicílico, ácido glicólico y ácido tricloroacético.

• En segundo lugar, mediante microdermoabrasión, que consiste en eliminar las capas superiores de la piel con un aparato eléctrico que «raspa» la piel.

• En tercer lugar, renovar toda la piel mediante láser de CO_2 tipo *resurfacing*.

• Y en cuarto lugar, mediante la fototermólisis fraccional, lo más moderno.

Los resultados son buenos en manos expertas. Pero se debe tener paciencia, ya que necesitan varias sesiones y los beneficios no son inmediatos.

Julián, espero que te haya quedado todo claro. Ahora, a empezar el tratamiento. Nos veremos en pocos meses para comprobar los resultados. ¡Suerte y constancia! —termina el doctor.

CAPÍTULO V

Lunares peligrosos

DE REPENTE, UN LUNAR

Andrés es un deportista nato. A sus 28 años, no había fin de semana que no fuera a la playa, al campo o la nieve para hacer deporte. Le encantaba el sol y disfrutar al aire libre; la sensación de sentir el calor del sol en su piel desnuda era uno de sus máximos placeres.

Un día, al ir a secarse después de la ducha, advirtió de repente una pequeña mota negra que tenía en su hombro derecho. «¡Caramba, nunca me había fijado en ella!», pensó. Haciendo memoria, sólo creía haber tenido en esa zona un lunar marrón, al que nunca le había prestado atención y que ahora se había convertido en una lesión muy negra. Precisamente esos días había escuchado en las noticias de la televisión que los lunares debían controlarse.

Alarmado, se detuvo a verse la espalda. Cuando observó la multitud de lunares que tenía, frunció el entrecejo. «Pero ¡si tengo tantos que no los puedo contar! —exclamó para sí—. Hoy mismo pido consulta con el dermatólogo».

Los lunares, tan seductores como peligrosos

No sabemos si Eva, durante el proceso de seducción a Adán, presentaba lunares en la piel, aunque desde que la mujer empezó a usar sus armas para coquetear con el varón, las manchas cutáneas redondeadas, y cuanto más oscuras mejor, han constituido un valor añadido a la hora de lograr los objetivos amorosos.

Algunos rostros han pasado a la historia justamente por el sello personal e indiscutible de los lunares. Las mujeres en un tiempo llegaron a envidiar el detalle sensual que les daba aquella característica única e irrepetible sobre la comisura de los labios o sobre una de las mejillas. María Antonieta se pintaba un punto negruzco en su mejilla izquierda a modo de lunar para aumentar su capacidad de seducción. El mundo del cine y las pasarelas siempre han contado con la presencia de rostros atractivos a los que los lunares dan mayor realce. La mítica Marilyn Monroe lucía con esplendor uno de los lunares más sensuales de toda la historia del celuloide. Entre las modelos, Cindy Crawford es el paradigma de estrella de Hollywood envidiada por su estratégico lunar facial. Igual nuestra española Inés Sastre, con su lunar en el filo del labio superior.

Hay quien luce con mucho orgullo sus lunares, algunos de ellos situados estratégicamente en distintos puntos de la superficie corporal (en torno a los labios, mejilla, cuello, pecho, nalgas, pubis...) y que en la mayoría de los casos son hereditarios. Algunos padres han llegado a invocar el lunar como seña de identidad para autenticar la descendencia.

¿Y quién no ha tarareado alguna vez la famosa canción de Varela y Fernández que empieza con la estrofa: «Ese lunar que tienes, cielito lindo, junto a la boca, no se lo des a nadie, cielito lindo, que a mí me toca?».

Sin embargo, no a todo el mundo le gustan los lunares. A veces nos llegan pacientes que llevan consigo una gran cantidad de pequeñas marcas oscuras sobre la piel o tienen una demasiado notoria y llamativa, y no paran de repetir su inmenso «repudio» y su «aversión» hacia ellas, así como sus ganas de buscar la fórmula mágica para quitárselas de encima instantáneamente y sin dolor.

Pero al margen de la presunción estética de estas lesiones cutáneas, el problema real de esa apariencia externa tan inocente es que pueden desarrollar melanoma, el tumor más maligno de cuantos pueda afectar al ser humano. ¿Por qué se debe poner atención y constante observación a los lunares y a sus eventuales cambios? Es importante destacar que de los diferentes tumores que afectan a la piel, los más agresivos son los de los lunares. Un cáncer cutáneo originado por un lunar maligno desarrolla metástasis por la vía linfática y hematógena, y puede comprometer a órganos como pulmones, hígado, huesos y hasta el cerebro.

> Pero a pesar de lo agresivo y peligroso de este tipo de cáncer, una consulta médica oportuna y precoz de la lesión cutánea otorga al afectado un muy buen pronóstico. Aunque parezca una afirmación categórica, la detección temprana de un lunar maligno clave puede marcar la diferencia entre la vida y la muerte.

¿Son frecuentes los lunares?

En el reino animal, son muy frecuentes los lunares. Por ejemplo, las vacas, los perros, las mariposas e incluso las mariquitas tienen lunares en su cuerpo. En ellos, los lunares son marcas distintivas que a veces tienen funciones de protección y de identificación sexual. En los humanos no desempeñan esa función. De hecho, tendemos a eliminarlos por considerarlos una imperfección. Cuando uno observa un cartel publicitario donde aparece una modelo mostrando su cuerpo semidesnudo, llama la atención cómo, salvo en la cara, nunca se le ve ningún lunar. ¡Los milagros del Photoshop!

La realidad es que todos tenemos lunares. Éstos, a los que denominamos en la terminología dermatológica «nevus melanocítico», están constituidos por melanocitos, células productoras de pigmento natural de la piel o melanina. Una persona normal suele tener entre 10 y 40, aunque algunas pueden llegan a tener más de 100 o 200.

Existen dos tipos de lunares: congénitos y adquiridos. La mayoría de los bebés nacen sin lunares. Con el tiempo, empiezan a aparecer lunares pequeños. Éstos son los lunares congénitos, que no son muchos: sólo dos o tres. Al llegar a los 20 años, la mayoría de las personas tienen entre 20 y 40 lunares bien visibles, esparcidos por todo el cuerpo. Éstos son lunares adquiridos, y suelen medir menos de medio centímetro. Los lunares congénitos pueden variar de tamaño, desde ser como un punto pequeño hasta cubrir zonas grandes del cuerpo, como el llamado «nevus congénito gigante». También se denomina a este tipo de lunar «nevus en bañador» o «nevus en calcetín», etcétera, según la zona del cuerpo donde esté situado. Los nevus grandes son aquellos que miden más veinte centímetros de diámetro en una persona adulta. Además del tamaño, los nevus pueden variar de forma, textura de la superficie y cantidad de vello. También de color, entre marrón claro y casi negro, si bien la mayoría presenta diferentes tonos de marrón. Algunos tienen vello fino y suave; otros, un vello más largo, denso y oscuro.

El cortar o el afeitar este vello no incrementará su crecimiento.

Los lunares congénitos modifican poco su tamaño con el paso de los años, y no muestran tendencia al crecimiento. Sólo crecen en proporción con el cuerpo. El color de un lunar congénito se puede mantener igual o aclararse u oscurecer a lo largo del tiempo. La mayoría de ellos parecen volverse más claros.

Los nevus adquiridos sí aumentan de manera notable, tanto en grosor como en extensión. De hecho, algunos llegan a crecer y molestar, lo que suele ser la causa más frecuente de su extirpación. Cuando se alcanza la tercera edad, muchos de estos lunares adquiridos desaparecen espontáneamente.

Los lunares no tienen función alguna. Sin embargo, son importantes por el hecho de que, a veces, pueden conducir a un cáncer de piel, llamado melanoma.

¿TENEMOS HOY MÁS LUNARES QUE ANTES?

Si preguntamos a nuestras abuelas por los lunares, nos dirán que en su época juvenil nadie reparaba en ellos y que era raro tenerlos. Los dermatólogos ya jubilados nos cuentan cómo hace 50 o 60 años la población presentaba muchos menos lunares y era un motivo de consulta poco frecuente, salvo cuando ya acudían degenerados.

Efectivamente, la población de raza blanca tiene hoy muchos más lunares que hace pocas décadas. Se ha constatado que este hecho se debe al estilo de vida actual. Hoy es habitual ver a los niños jugando horas al sol en el parque, en la playa o en la nieve. El número de horas que estamos expuestos a la radiación ultravioleta es mucho mayor que hace 50 años.

La cantidad excesiva de estos rayos acelera el deterioro y el desorden de los melanocitos y produce aumento de lunares en las zonas más expuestas como son el tronco y las piernas. Su aumento también es proporcional a una propensión mayor a quemarse que a broncearse, al número de quemaduras solares durante la infancia y la tendencia a las pecas.

LA TENDENCIA FAMILIAR A TENER MUCHOS LUNARES

Existe tendencia familiar a tener muchos lunares. En estos casos se han detectado alteraciones genéticas específicas que lo justifican. Cuando una familia cuenta con antecedentes de abundantes lunares atípicos o displásicos, corre un riesgo 125 veces mayor que el resto de la población de padecer melanoma. Pero si presenta antecedentes de melanoma, el riesgo se multiplica por 500 con respecto a otra persona. Hoy el melanoma se considera una enfermedad determinada genéticamente.

¡Atención a los antecedentes familiares en personas con muchos lunares!

Cómo saber si un lunar es bueno o malo

Andrés llegó asustado al dermatólogo. Al preguntarle para qué acudía, le contestó con nerviosismo que a revisarse uno de sus lunares, que tenía un aspecto preocupante.

—Antes de verte el lunar te debo aclarar algo —comenzó a explicarle el dermatólogo—. Todo el mundo tiene lunares, algunas personas más de cien. Si degeneraran tanto como tú piensas, no habría médicos en el mundo para quitar los lunares a toda la población. Sólo algunos pueden degenerar. Mira —le dice enseñándole uno de aspecto verrugoso de la mejilla—: este tipo sólo degenera uno entre un millón. El problema es que hay otros que degeneran uno de cada cuatro. Éstos tan peligrosos se llaman lunares o nevus atípicos o displásicos. Mi misión actual es revisar tus lunares y enseñarte a que tú también los sepas identificar y controlar.

Y dicho esto, se puso manos a la obra.

La regla ABCD

Hasta los años noventa, cuando una persona acudía a un dermatólogo con un lunar preocupante, se le extirpaba por sistema. Imperaba la filosofía de la frase que se utiliza en el ejército de «quien pregunta, hace guardia». La razón era muy fácil: si al quitarlo y analizarlo era bueno, no pasaba nada; y si era malo, se había acertado. Nunca se fallaba. Así se quitaron millones de lunares, pero el resultado era que muchos jóvenes llegaban a tener la espalda materialmente perforada por la gran cantidad de cicatrices de sus operaciones.

A partir de los años ochenta, ya no se extirparon tanto los lunares. Sólo se quitaban los que reunían una serie de características que, según se había observado estadísticamente, se asociaban a degeneración de un lunar o melanoma. Y el Instituto Nacional de Salud de Estados Unidos creó una regla mnemotécnica, muy fácil de recordar, que es la regla ABCD.

Cada letra representa una característica (véase figura 4):
- **A**simetría. Imaginariamente, una mitad no coincide con la otra.
- **B**ordes irregulares. Con entrantes y salientes mal definidos.
- **C**olor. Los lunares normales son de un marrón homogéneo. Un lunar que desarrolla distintas tonalidades de color debe ser evaluado.
- **D**iámetro. La mayoría de los melanomas tienen un diámetro superior a seis milímetros, pero una lesión sospechosa puede tener tamaño menor.

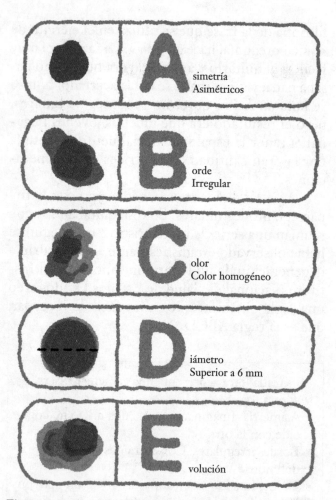

Figura 4. Regla ABCD. *Fuente*: Academia Española de Dermatología y Venereología, campaña Euromelanoma.

En los últimos años se le ha añadido una nueva letra, la E, de «evolución». Si además de cumplir cualquiera de esas condiciones, el paciente cree que el lunar está cambiando, con mayor motivo debe ser evaluado.

Cuando un lunar cumple con el ABCD, tiene una especificidad del 98,4 por ciento y una sensibilidad del 100 por ciento, por lo que es sumamente útil.

La teoría del patito feo

—Pero te propongo algo todavía más fácil. Recordarás desde pequeño un cuento que se llamaba *El patito feo* —le continúa explicando el dermatólogo—. Trataba de un patito entristecido que se veía diferente a todos los demás patos de su edad, porque realmente era un cisne.

Nosotros aplicamos a las personas con muchos lunares la teoría del patito feo. Cuando en la consulta vemos personas con cientos de lunares, la probabilidad de encontrar uno que cumpla la regla ABCD no es extraña. Aplícale la teoría del patito feo: aquel lunar que no se parezca a los demás, debe vigilarse o extirparse, sobre todo si ha experimentado esos cambios recientemente. Hay que consultárselo al dermatólogo.

Los nevus displásicos o atípicos

Todos los lunares que cumplan las reglas anteriores son nevus atípicos o displásicos. Bajo esta denominación quedaron englobados múltiples lunares que eran «diferentes» a los demás, ya que producían —con una alta frecuencia— degeneración en melanoma. Para que se entienda fácil, son lesiones que están a medio camino entre el lunar benigno y el melanoma, maligno. Es decir, el nevus displásico o atípico representaría a un verdadero precáncer o premelanoma. De ahí la importancia de su identificación y control.

Se trata de una lesión relativamente frecuente, ya que la presentan entre un 2 y un 5 por ciento de la población. Los nevus atípicos o displásicos consisten en máculas, discretamente elevadas sobre una base eritematosa, de más de cinco milímetros de diámetro, de bordes irregulares, poco definidos, con pigmentación pardusca irregular, con áreas más claras y otras más oscuras, que con frecuencia presentan una pápula central que les confiere una imagen en «huevo frito».

Suelen aparecer a partir de la pubertad y pueden ir aumentando a lo largo de toda la vida. Su número es variable, desde lesiones aisladas a pacientes con cientos de lesiones. Los nevus displásicos pueden presentarse como hallazgos aislados o en el contexto del síndrome del nevus displásico. Este síndrome se considera cuando se observa un paciente que presenta un gran número de nevus (generalmente, más de cien), de los que al menos uno es grande (mayor de ocho milímetros) y reúne las características clínicas de un nevus atípico.

La importancia de estas lesiones es su elevado potencial para malignizarse, que puede ser hasta del 40 por ciento. Surgen *ex novo* o como parte de un nevus melanocítico compuesto. El término «displásico» se tiende a sustituir por «atípico».

Existen familias con una incidencia aumentada de melanoma maligno y nevus atípicos, por lo que se propuso el término de «síndrome de nevus displásico (atípico) familiar».

VERLOS POR DENTRO: LA DERMATOSCOPIA

—Pero a veces —sigue explicando el dermatólogo— podemos tener problemas para diagnosticar un lunar que degenera sólo con la vista. La certeza del diagnóstico va en función de la experiencia del médico en el manejo de estas lesiones. Los médicos de atención primaria aciertan en el 40 por ciento de los casos; los residentes de dermatología, en el 75 por ciento, y los dermatólogos de más de diez años de experiencia, en más del 90 por ciento.

Para facilitar esta labor, surgió en los años noventa un aparato, parecido a los oftalmoscopios de los oculistas, que permite ver el lunar «por dentro». Es decir, al hacer translúcida la capa córnea con un poco de agua, gel o aceite, podemos observar y analizar el patrón de melanina en la capa basal. Según sea uniforme o irregular, empezamos a distinguir lesiones. Cuanto más desorganizada y anárquica sea esta distribución, peor.

Este método se llama dermatoscopia, y es utilizado por más del 80 por ciento de los dermatólogos para estudiar los lunares. Los hay manuales y otros, más modernos, de tipo digital, en los que aparece la imagen en una pantalla de ordenador. La dermatoscopia digital es un estudio basado en la captura de imágenes digitales, rápido, indoloro y no invasivo, que procesa la información, lo que permite estudiar las lesiones con un aumento de entre 20 y 80 veces su tamaño original, y archivarlas para el seguimiento y control de aquellas que resultan dudosas.

Pero todavía más. Podemos hacer un mapeo digital de lunares, que consiste en la toma de imágenes sectorizadas de la piel marcando los nevus sospechosos. Éstas permanecen almacenadas para una revisión ulterior al año o dos años; documentarlas fotográficamente o remitirlas *on-line* para una segunda opinión. La gran ventaja es que podemos evaluar con mayor certeza la aparición de nuevos nevus o bien cambios en los ya existentes.

La dermatoscopia, tanto la manual como la digital en forma de mapeo, permite un diagnóstico muy certero del lunar peligroso, lo que reduce extraordinariamente el número de intervenciones.

EXTIRPACIÓN DE UN LUNAR

No todos los lunares necesitan ser operados. Sólo ciertos tipos corren mayor riesgo de convertirse en melanomas. Lo normal es que el médico de atención primaria o el dermatólogo quieran observarlos de cerca mediante exámenes periódicos o puedan extirparlos si por sus características pueden llegar a convertirse en melanoma.

Por lo general, no se recomienda la extirpación rutinaria de un gran número de lunares como forma de prevención del melanoma. Algunos melanomas pueden originarse de lunares, pero la mayoría no. Si una persona tiene muchos lunares, se recomienda un examen de rutina minucioso, al igual que los autoexámenes mensuales de la piel. Si uno se encuentra un lunar que le parezca raro o ha notado algún cambio, debe ser examinado por su dermatólogo, que tiene una larga experiencia en el reconocimiento de cánceres de la piel.

Y si hay que extirparlos, se trata de una sencilla intervención: un poco de anestesia local y varios puntos de sutura muy fina. Son 10 o 15 minutos, menos que cualquier sesión de un dentista. A veces quedan cicatrices feas, a pesar de haber sido suturado con esmero, sobre todo en el tronco, donde la piel tan gruesa favorece este tipo de cicatriz visible. ¡Por eso sólo se quitan si es necesario!

UNA DESAGRADABLE SORPRESA: EL LUNAR ES EN REALIDAD UN MELANOMA

Andrés acudió a quitarse los puntos de sutura con cierta preocupación. No le gustaba que le hubiesen hecho una herida tan grande para lo pequeño que era su negruzco lunar. Temía el veredicto del informe anatomopatológico.

—Andrés, hemos acertado —comenzó a explicarle su dermatólogo después de leerlo—. Dice el patólogo que tu lunar habría degenerado y se habría convertido en un melanoma de extensión superficial, pero como lo hemos operado en el momento oportuno, es muy posible que lo hayamos quitado para siempre. ¡Qué suerte haber consultado a tiempo! —concluyó con satisfacción el médico.

Es cierto. A veces los dermatólogos tenemos que dar a nuestros pacientes la desagradable noticia de que su lunar feo en realidad se trata de un melanoma. Es el tumor más maligno que puede afectar al ser humano, ya que ninguno tiene menor cantidad de tejido comparado con su altísima agresividad (véase figura 5).

Pero también es cierto que podemos decir que un melanoma operado a tiempo, en sus estadios iniciales, se cura casi al 100 por ciento. De ahí la importancia de consultar precozmente, cuando sólo han comenzado los cambios.

Lunar	Melanoma	Señales	Características
		Asimetría	Cuando la mitad de un lunar no es igual a la otra.
		Borde	Cuando el borde (contorno) del lunar es irregular.
		Color	Cuando el color del lunar varía a lo largo de su superficie.
		Diámetro	Si el diámetro del lunar es más ancho que el de la goma de borrar de un lapicero.

Figura 5. Diferencias entre lunar y melanoma.

¿SON FRECUENTES LOS MELANOMAS?

—¿Y esto es frecuente? —le pregunta Andrés al dermatólogo con voz temblorosa.

—Ya lo creo, en estos momentos hablan en Estados Unidos de «epidemia de melanomas» —le responde el dermatólogo—. El cáncer de piel es el más común de todos los tipos de cáncer, probablemente representa alrededor de la mitad de los casos.

El melanoma representa aproximadamente el 3 por ciento de los casos de cáncer de piel, pero es causa de la gran mayoría de muertes por este tipo de cáncer. Y las tasas de incidencia para el melanoma aumentaron repentinamente alrededor del 6 por ciento por año en la década de los setenta. Ahora supera la del 10 por ciento anual. Este cáncer es algo más frecuente en hombres que en mujeres, y puede aparecer tanto en jóvenes como en mayores. Aunque las tasas continúan aumentando con la edad y son las más altas entre los ancianos, cada vez es más frecuente en los menores de 30 años. De hecho, es uno de los cánceres más comunes tanto en los adolescentes como en los adultos jóvenes.

¿POR QUÉ ME HA APARECIDO A MÍ UN MELANOMA?

—Entonces, ¿qué ha ocurrido para que me apareciera el melanoma? —le pregunta Andrés al dermatólogo.

—Existen muchos factores de riesgo para eso —le replica el doctor—. Un factor de riesgo es aquel que aumenta la probabilidad de que contraigas una enfermedad, como el cáncer. Los distintos tipos de cáncer se asocian a diferentes factores de riesgo. Por ejemplo, fumar es un factor de riesgo para el cáncer del pulmón. Los tres más estudiados en la degeneración de un lunar en melanoma son:

1. *Exposición a la luz ultravioleta.* Se cree que éste es el riesgo principal de la mayoría de los melanomas. La luz solar es la fuente principal de radiación ultravioleta, la cual puede ser dañina para los genes de las células de la piel. Las lámparas y cabinas bronceadoras son otra fuente de radiación ultravioleta. Las personas que se exponen excesivamente a la luz procedente de estas fuentes corren un riesgo mayor de contraer cáncer de piel, incluido el melanoma. El grado de exposición a la luz ultravioleta depende de la intensidad de la radiación, del tiempo que la piel ha estado expuesta y de si la piel ha estado protegida o no, con ropa y protector solar.

2. *Tener muchos lunares.* La probabilidad de que un lunar en particular se convierta en cáncer es muy baja. No obstante, cualquier persona con muchos lunares irregulares o con lunares grandes, está más expuesta a desarrollar melanoma. Se estima que el riesgo a padecer un melanoma en el transcurso de la vida oscila entre un 6 por ciento y un 10 por ciento para las personas con nevus displásicos, según el número de ellos que presente, la edad y los antecedentes familiares, en-

tre otros factores. Con frecuencia, los nevus displásicos son hereditarios. Si tiene familiares con abundantes nevus displásicos, la probabilidad de que usted los desarrolle es de un 50 por ciento. Quien tenga uno o varios nevus displásicos y por lo menos dos familiares cercanos con melanoma, corre un riesgo de un 50 por ciento o incluso mayor de desarrollar melanoma.

3. *Antecedentes familiares.* El riesgo de contraer un melanoma aumenta si uno o varios familiares de primer grado (madre, padre, hermano/a, hijo/a) han sido diagnosticados de este tipo de cáncer. Aproximadamente el 10 por ciento de las personas con melanoma presentan antecedentes familiares de esta enfermedad. Algunas veces esto puede ser causado por el estilo de vida de la familia de exposición frecuente al sol, una familia de piel muy blanca o una combinación de ambos factores. Con menor frecuencia, se debe a una mutación genética agregada a la exposición solar. Las mutaciones genéticas han sido encontradas en un porcentaje que oscila entre el 10 por ciento y el 40 por ciento de las familias con una tasa elevada de melanoma.

¿Y QUÉ TENGO QUE HACER AHORA?

—Nada importante —le aclara el dermatólogo—. Como tu melanoma se ha intervenido de una forma muy precoz, no hay más que hacer revisiones periódicas. Esto es así cuando se trata de «melanomas finos», es decir, de menos de un milímetro de espesor. Si su espesor hubiese superado esa medida sería más complicado, ya que habría que investigar si alguna célula se había escapado del tumor a otra zona utilizando vías linfáticas o sanguíneas. Te espero cada 6 o 12 meses para controlarte la cicatriz, la cadena de ganglios y revisar el resto de tu piel. Te haremos un mapeo digital para controlar las dermatoscopias de todas tus lesiones. Por cierto, diles a tus hermanos y padres que deben revisarse también sus lunares, ¿eh?

¿He podido prevenir que me apareciera el melanoma?

—La última pregunta —le dice Andrés al doctor, ya más tranquilo, pero con una duda en su mente que le estaba torturando—. ¿He podido hacer algo para impedir que me hubiera aparecido?

—Claro que sí —le contesta el doctor—. El sol constituye el principal factor de riesgo para desarrollar un melanoma, por lo que es recomendable tomar una serie de medidas básicas a la hora de exponerse a los rayos solares. Para proteger la piel conviene tener en cuenta los siguientes consejos:
• Evitar el efecto acumulativo del sol en la piel y las quemaduras, especialmente durante la niñez y la adolescencia, ya que la piel es mucho más sensible.
• Durante los baños de sol hay que utilizar cremas, lociones o geles protectores que sean eficaces tanto

para los rayos UVA como para los UVB y que tengan, como mínimo, un factor 20 de protección.

- Los bronceadores de los salones de belleza deben aplicarse bajo control, ya que contienen rayos UVA perjudiciales para la piel.
- Se debe restringir el contacto con productos potencialmente fotosensibles, como los jabones, los desodorantes y los perfumes, que pueden crear una especial sensibilidad a la luz del sol. También existen fármacos fotosensibilizadores, por lo que conviene consultar al médico si se encuentra bajo medicación.
- Los rayos del sol son más dañinos entre las diez de la mañana y las dos de la tarde. Durante este tiempo se deben evitar las exposiciones solares sin protección. Además, el reflejo de la luz solar aumenta en la playa, el agua o la nieve. Como consecuencia, sus efectos se multiplican. Hay que buscar la sombra natural que proporcionan la vegetación o los edificios como una forma de protegerse contra el sol.
- Las gafas de sol y los sombreros son unos accesorios muy útiles ya que, además de la cara, protegen el cuello y las orejas. Las ropas de color oscuro ofrecen mayor protección que los vestidos de color pastel o suave.

MORALEJA DE LA HISTORIA DE ANDRÉS

Por desgracia, cada vez es más frecuente la historia que hemos relatado. A diario vemos en nuestras consultas personas con melanomas. Gracias a las campañas de prevención y a la información que proporcionamos a diario en la prensa escrita y televisión, la gran mayoría son lunares degenerados en sus primeros estadios, es decir, que pueden ser curados con la simple extirpación. Mientras que hace años la idea era «mejor no tocarlos, que se vuelan», hoy tenemos claro que esto ocurría al llegar tarde, cuando ya existía metástasis.

> Es mejor acudir a un dermatólogo para revisarse los lunares 300 veces aunque le parezca que no sirve para nada, que no acudir por miedo o negligencia para uno que sea realmente un lunar degenerado.

Si llevamos nuestro coche a una revisión mecánica cada cierto tiempo, o si revisamos nuestra lavadora periódicamente, ¿por qué no revisarse la piel cada uno o dos años, en particular si tenemos lunares?

¡Los dermatólogos no nos comemos a nadie!

CAPÍTULO VI

Cuidado con el sol

¡QUÉ BUEN FIN DE SEMANA! ¡NOS VAMOS A LA PLAYA!

Por fin ha llegado el fin de semana esperado: una fiesta en viernes, que va a permitir a la familia Fernández poder ir a la playa todo un fin de semana. Llevan meses esperando que llegue ese día. Lo han planeado mil veces, pero nunca han podido hacerlo. En esta ocasión, lo van a cumplir.

El coche casi reventaba. ¡No cabía un alfiler! Pedro, el padre, había estado haciendo acopio durante semanas de todo lo que se le había ocurrido para acampar: una tienda de campaña, los sacos de dormir, colchonetas, linternas y cantimploras. Rosario, en su papel de madraza, todo tipo de utensilios, comida y ropa de baño para ellos y sus dos hijos. Los niños, por supuesto, una tabla de surf.

Cuando ya estaba la familia Fernández preparada para salir, Pedro le dice de repente a su mujer:

—¿Has metido alguna crema de protección solar?

—¡Vaya, se me ha olvidado! —exclamó la madre—. Ya la compraremos cuando podamos.

Este despiste puede ser fatal. Tanto tiempo de preparación y se les ha olvidado algo tan importante como el resto de lo que llevaban: protegerse del sol. Por desgracia, este hecho es muy frecuente. La Academia Española de Dermatología y Venereología ha constatado que el 80 por ciento de los españoles sabemos que el sol es dañino para la piel, pero sólo el 20 por ciento usa correctamente la protección solar.

EL SOL, ¿AMIGO O ENEMIGO?

El Sol es imprescindible para la vida en la Tierra. De hecho, lo han adorado todas las civilizaciones. En Egipto, el culto al Sol prevaleció durante siglos y se asoció su poder a muchos dioses, como Horus, Amón-Ra y Atón, que representaban mediante rayos o un disco solar sobre la cabeza de los dioses. En la antigua Grecia se adoraba al dios Helios. En Latinoamérica, el Sol era considerado una deidad muy importante y, debido a sus creencias, se solían hacer sacrificios humanos para mantenerlo vivo. La cultura inca, tenía como deidad al dios Sol, llamado Inti. El inca o emperador era considerado hijo de Inti. En Perú, se les llamaba dios del Sol a los jefes de los incas que, según ellos, eran el Sol, y se dice en la leyenda de Manco Cápac y Mama Ocllo que ellos fueron enviados por su padre el Sol. En la simbología cristiana, se identifica a Cristo con Helios, y al círculo, con la eternidad. El Sol y la Luna simbolizan el oro y la plata, rey y reina, alma y cuerpo. El Sol y la Luna en la crucifixión simbolizan las dos naturalezas de Cristo. El Sol es la morada del arcángel Miguel. La Luna es la morada del arcángel Gabriel. El Sol es el padre universal. La Tierra simboliza la madre naturaleza y la fecundidad.

Pero en realidad, el Sol es sólo un flujo de energía en forma de ondas electromagnéticas de diferentes frecuencias (luz visible, infrarroja y ultravioleta). Es mucho más de lo que percibimos, ya que el ojo humano sólo detecta la mitad de ellas, las comprendidas entre 0,4 y 0,7 nm, que constituye lo que conocemos como luz visible. De la otra mitad, la mayoría se sitúa en la parte infrarroja del espectro, y una pequeña parte, en la ultravioleta. La porción de esta radiación que no es absorbida por la atmósfera es la que produce quemaduras en la piel a la gente que se expone muchas horas al sol sin protección (véase figura 6).

El Sol emite una sucesión de partículas energéticas: los fotones. El fotón, en su vibración y desplazamiento, crea una onda. La longitud de onda es la distancia que separa dos máximos, y su unidad es el nanómetro = 1/1.000.000.000 m. La luz solar se descompone en diversas longitudes de onda, de las cuales tres llegan al planeta Tierra. La energía de estas radiaciones es inversamente proporcional a su longitud de onda. Es decir: cuanto más corta es esta longitud, más energía tiene.

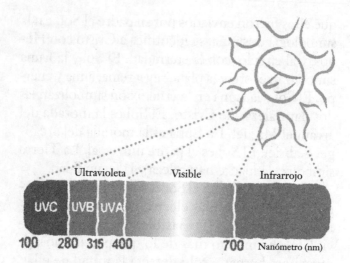

Figura 6. El espectro electromagnético. Tipos de radiación según su longitud de onda.

Tabla 2. Radiación y longitud de onda.

Tipos de radiación	Longitud de onda
Cósmica	0,0001 nm
Rayos X	0,1 nm
Ultravioleta	10-400 nm
Visible	400-770 nm
Infrarrojo	770-1.200 nm
Microondas	1 cm
Televisión y radio	100-10.000 cm

Nuestra piel recibe diariamente mucha radiación solar. La más fácil de detectar es la radiación directa, que es la que llega directamente del sol sin haber sufrido cambio alguno en su dirección. Este tipo de radiación se caracteriza por proyectar una sombra definida de los objetos opacos que la interceptan. Pero por desgracia, la cantidad de sol que recibimos no es sólo la radiación directa: hay que sumarle la difusa y la reflejada. La radiación difusa es la consecuencia de las reflexiones y absorciones, no sólo de las nubes sino también de las partículas de polvo atmosférico, montañas, árboles, edificios, el propio suelo, etcétera. Este tipo de radiación destaca por no producir sombra alguna respecto a los objetos opacos interpuestos. Las superficies horizontales son las que más radiación difusa reciben, ya que *ven* toda la bóveda celeste, mientras que las verticales reciben menos porque únicamente *ven* la mitad.

La radiación reflejada es la que nos llega por «rebote», y depende del coeficiente de reflexión de la superficie. Las superficies horizontales no reciben ninguna radiación reflejada, porque no *ven* ninguna superficie terrestre, y las superficies verticales son las que más radiación reflejada reciben (véase figura 7).

Cuando vamos a la playa, recibimos de lleno las tres radiaciones. La directa, cuando estamos al sol. La difusa, sobre todo los días nublados. Y la reflejada, la que nos llega reflejada desde la arena o el agua. Para saber la cantidad de sol que recibimos debemos sumar las tres, es decir, la radiación global que recibimos. Por tanto, ¡recibimos mucha más radiación de la que creemos!

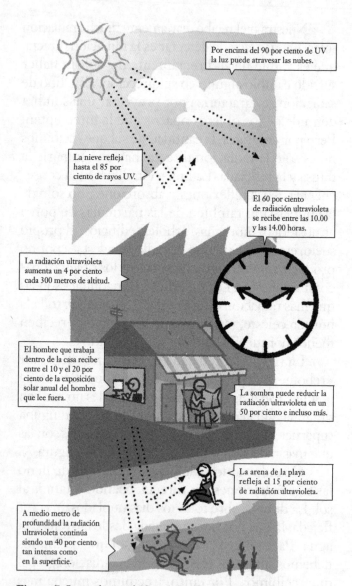

Por encima del 90 por ciento de UV la luz puede atravesar las nubes.

La nieve refleja hasta el 85 por ciento de rayos UV.

El 60 por ciento de radiación ultravioleta se recibe entre las 10.00 y las 14.00 horas.

La radiación ultravioleta aumenta un 4 por ciento cada 300 metros de altitud.

El hombre que trabaja dentro de la casa recibe entre el 10 y el 20 por ciento de la exposición solar anual del hombre que lee fuera.

La sombra puede reducir la radiación ultravioleta en un 50 por ciento e incluso más.

La arena de la playa refleja el 15 por ciento de radiación ultravioleta.

A medio metro de profundidad la radiación ultravioleta continúa siendo un 40 por ciento tan intensa como en la superficie.

Figura 7. Luz solar recibida y reflejada. Obsérvese cómo varía dependiendo de las diversas situaciones.

Pero no todo es malo. La luz solar nos proporciona efectos fisiológicos positivos para el organismo, ya que estimula la síntesis de vitamina D, la cual previene el raquitismo y la osteoporosis; produce vasodilatación, lo que reduce la tensión arterial (de ahí el efecto placentero de estar al sol) y favorece la circulación sanguínea periférica; actúa como tratamiento de algunas enfermedades de la piel, como la psoriasis, acné, vitíligo, etcétera. Incluso en algunos casos estimula la síntesis de los neurotransmisores cerebrales responsables del estado anímico, quizá por eso se relaciona a los países cálidos con la alegría y la fiesta, y a los países fríos, con la seriedad y la depresión.

TIPOS DE RADIACIÓN SOLAR: ¿CUÁL NOS HACE DAÑO?

De todas las radiaciones que incluyen la radiación solar, la infrarroja, la visible y la ultravioleta, esta última es la realmente peligrosa para la piel.

Existen tres tipos de radiación ultravioleta (UV), según su longitud de onda:
• UVC. Es la más nociva, debido a su gran energía. Afortunadamente, el oxígeno y el ozono de la estratosfera absorben todos los rayos Uv-C, por lo cual nunca llegan a la superficie de la Tierra. Están entre 200 y 280 nm.

- **UVB.** Es potencialmente nociva. La capa de ozono absorbe la mayor parte de los rayos Uv-B provenientes del Sol. Sin embargo, el actual deterioro de la capa aumenta la amenaza de este tipo de radiación. Son muy energéticas y las responsables de que nos pongamos rojos cuando nos exponemos al sol. Penetran muy poco en la piel, sólo a nivel epidérmico, por eso tienen una alta capacidad de producir cáncer en la piel. Están entre 280 y 320 nm.
- **UVA.** La radiación Uv-A es la menos nociva y la que llega en mayor cantidad a la Tierra, pero también dañina. Casi todos los rayos Uv-A pasan a través de la capa de ozono. Es la responsable del bronceado de la piel, ya que entre el 30 y el 50 por ciento de estos rayos llegan a niveles profundos de la dermis. Están entre 320 y 400 nm.

Por tanto, de todas las radiaciones UV la más peligrosa es la UVB. De ahí que en los envases de protección solar siempre se detalle la protección frente a este tipo de radiación. Cuando se aplica bien, nunca enrojecemos, pero sí nos bronceamos. Además, estas radiaciones no sólo son nocivas para los humanos, también pueden producir cáncer en los animales domésticos. Una radiación UVB excesiva inhibe los procesos de crecimiento de casi todas las plantas. El agotamiento del ozono podría causar la pérdida de especies vegetales.

Si anteriormente hemos comentado que cuanto más corta es la onda más intensa es la energía, los rayos UVC son los más energéticos, pero los detiene la capa de ozono, situada a unos treinta kilómetros de distancia de la Tierra. Si bien es cierto que los UVC no llegan a la superficie terrestre, todos sabemos que la capa de ozono está seriamente amenazada por las emisiones de fluorocarbonados y que la tendencia general observada es de una disminución del 0,5 por ciento anual. Una razón más para tomar precauciones con respecto al sol.

Sobre el resto de las radiaciones que emite el Sol, como la visible y la infrarroja, no se sabe con certeza si ejercen un efecto negativo en la piel. Un detalle curioso es que cuando nos ponemos al sol, nuestra piel se calienta, y esto nos produce un efecto placentero. La luz visible penetra hasta la hipodermis o panículo adiposo, al igual que la infrarroja, y seguramente también provoca vasodilatación. Esta última es la responsable del calor que percibimos en nuestra piel al ponernos al sol.

A todo lo anterior hay que sumarle otros factores que van a modular la cantidad de radiación solar que recibimos. No es lo mismo una hora de sol a las dos de la tarde en el Reino Unido que en el Caribe. No es lo mismo una hora de sol al mediodía que una por la tarde. Para evitar confusiones, enumeramos estos factores que influyen en la cantidad de radiación solar final recibida:

- La latitud del país donde estemos expuestos al sol. La radiación es más intensa en la línea ecuatorial, dado que el ángulo de incidencia de los rayos del sol en la superficie de la Tierra es allí mucho más directo.

- La estación del año en la que nos expongamos. En el invierno la radiación solar recorre un trayecto más largo a través de la atmósfera para llegar a la superficie de la Tierra, por lo que su intensidad es menor.
- La hora del día. La mayor cantidad de radiación UV llega a la Tierra alrededor del mediodía, cuando el Sol se encuentra en su punto más elevado.
- La altitud. El aire es más limpio en la cima de una montaña, por lo que ese lugar recibe más radiación UV que los lugares situados a menor altitud.
- La nubosidad. Una masa densa de nubes bloquea más rayos UV que una nubosidad ligera. Pero ¡cuidado!: los rayos UV atraviesan las nubes.
- La lluvia, que reduce la cantidad de radiación UV que se recibe.
- La contaminación atmosférica. La niebla tóxica de ciudades muy contaminadas reduce la cantidad de rayos UV que llegan a ellas.
- La zona donde estemos expuestos al sol. No es lo mismo la nieve, que refleja hasta el 85 por ciento de la radiación UV que recibe, que la arena (17 por ciento), el agua (5 por ciento), la hierba (3 por ciento) o el asfalto (2 por ciento).

ÍNDICE DE UV SOLAR

Cuando Carlos oyó que su madre había olvidado la protección solar, le vino a la memoria inmediatamente haber leído algo de eso en el periódico.

—Pues vaya, he leído en la primera página del diario que tenemos un índice UV muy alto para este fin de semana —les dijo a todos en el coche.

Ciertamente. Esta advertencia figura ya en todos los periódicos de Estados Unidos y países muy soleados. Incluso programas de radio en España ya avisan de los días de máxima radiación UV. El Índice UV Solar Mundial representa una estimación del promedio de la radiación ultravioleta (UV) solar máxima en la superficie de la Tierra. El cálculo de este índice permite valorar el grado de nocividad para la piel según las distintas longitudes de onda UV, y hace el promedio de las variaciones de la radiación por periodos de 10 a 30 minutos. Se acostumbra a expresar como una predicción de la cantidad máxima de radiación UV perjudicial para la piel que incidirá en la superficie de la Tierra al mediodía solar. Los valores que adopta van de cero hacia arriba, y cuanto más alto es el índice, más alta será la probabilidad de que la exposición a los rayos UV perjudique a la piel y a los ojos, y menor el tiempo que tardará en provocar el daño.

En muchos países próximos al ecuador, el índice UV puede llegar a 20 durante el verano. En Europa, el índice no acostumbra a superar el 8, aunque en las playas puede ser más alto.

Este índice UV se subdivide en;
- exposición baja (entre 1 y 3),
- exposición intermedia (entre 4 y 6),
- exposición alta (entre 7 y 9),
- exposición extrema (superior a 10).

El sol daña nuestra piel

Una vez que la familia Fernández de nuevo recordó que tenía que comprar el protector solar, su piel ya mostraba el castigo del sol. ¡Era demasiado tarde! Mientras estaban descargando el coche, instalando la tienda de campaña y preparando la comida, el sol inexorablemente había ido haciendo estragos en sus pieles. El cabeza de familia, Pedro, cuando terminó de poner el último faldón de la tienda, ya tenía el cuero cabelludo (era calvo como una bombilla), la cara y el tronco achicharrados.

—Me debería haber acordado de comprar un protector solar adecuado, ahora estoy quemado —se lamentaba Pedro.

—Igual que yo —decía su hijo Carlos—. ¡Me arde la piel, qué dolor! —exclamaba.

Todo lo anterior se repite cada año en más familias de las que creemos. De hecho, ¡quién no se ha quemado al sol alguna vez! Pero aunque usted olvide que se ha quemado sucesivas veces, incluso en veranos diferentes, su piel no lo hace, y no perdona.

Quemaduras solares

El daño del sol a nuestra piel es muy variado. El efecto más inmediato es la quemadura solar. La piel se pone roja, caliente, hinchada y pueden aparecer ampollas. Habitualmente, si no se cura bien, puede dejar una mancha para meses o una cicatriz de por vida.

Quemarse al sol alguna vez no produce ningún tipo de problemas. Pero la quemadura repetida es uno de los factores más importantes en el desarrollo del cáncer de piel. ¡De ahí la importancia de evitarla desde pequeño!

Igualmente, el bronceado, ese color dorado que todos asociamos inconscientemente con salud y belleza, es en realidad el resultado de un daño en la piel. Sucede que, cuando los rayos UV penetran la piel, ésta se protege produciendo más pigmentos o melanina. Es decir, significa reacción frente a una agresión. ¡Estar bronceado no es estar guapo, es dañar la piel!

Envejecimiento prematuro

El sol envejece nuestra piel. Nadie está exento de los efectos del fotoenvejecimiento si se expone al sol de forma continua, aunque sea de verano en verano. La piel en general y en particular la de la cara, el cuello y las manos está expuesta a este proceso. A pesar de que hacia los 20 años veamos una piel broceada como sana y bella, ya está empezando a sufrir de forma irreversible por la acción del sol y sus rayos ultravioletas.

Nuestro mayor enemigo y quien más afecta el proceso de envejecimiento, al acelerarlo de forma muy notoria, es por tanto la exposición al sol. Hay otro factor asociado importante que potencia al deterioro cutáneo prematuro, que es el tabaco: quienes fuman también sufren un envejecimiento de su piel más rápido. En este proceso, el fotoenvejecimiento, nuestra piel llega a tener ¡de 10 a 15 años más de lo que dice nuestro carné de identidad! Nos aparecen manchas, arrugas, telangiectasias (venitas rojas) y laxitud. Esto se debe a la paulatina ruptura de las fibras de colágeno a un ritmo mayor que el producido por el paso del tiempo por sí solo, y también a que la elastina se acumula de forma anormal. La capacidad de remodelación propia de la piel se reduce y cada vez hay más colágeno desorganizado que, al irse acumulando junto con una elastina pobre, favorecen las arrugas. Además, el estímulo de las radiaciones sobre los melanocitos, que es el que da el tono bronceado a la piel, hace que este pigmento se acumule en forma desordenada y ocasione finalmente las manchas o zonas hiperpigmentadas. Por tanto, el envejecimiento natural produce arrugas finas, pero la piel, a pesar de ello, continúa siendo suave y lisa. En el deterioro ocasionado por el bronceado o fotoenvejecimiento, las arrugas se hacen más marcadas y profundas, así como se intensifica la flacidez cutánea.

Aparición del cáncer de piel

Pero el problema no es sólo estético. En último término, el sol produce cáncer de piel. La radiación UV va a ir causando un deterioro progresivo en el ADN celular. A largo plazo, los rayos UVB son absorbidos por el ADN y causan alteraciones en el genoma. Los rayos UVA también se absorben y se transforman en radicales libres, que alteran el material genético y saturan los sistemas defensivos de la piel.

Aunque este hecho ocurre a diario al exponernos al sol, nuestro organismo tiene un sistema de corrección, que es la proteína p53. Pero llega un momento en el que esta proteína no puede corregir un daño excesivo y repetido, de manera que aparecen lesiones premalignas y malignas como los carcinomas y los melanomas.

Reacciones alérgicas

Debemos estar atentos al sol si estamos tomando medicamentos. Algunas personas desarrollan reacciones a ellos sólo cuando se exponen al sol. Los más peligrosos son los antiinflamatorios, antibióticos (sobre todo tetraciclinas), píldoras anticonceptivas, cremas con retinoides y antidepresivos.

SOLES ARTIFICIALES QUE TAMBIÉN DAÑAN NUESTRA PIEL

La luz UV emitida por las lámparas UVA también causa envejecimiento prematuro y potencia el riesgo de desarrollar cáncer cutáneo. Aunque realmente la luz UVA sea sólo un «trocito» de sol, tiene capacidad aditiva sobre los UVB y también puede ser muy dañina.

El deseo de broncearse cuanto antes y hacer exposiciones frecuentes, por ejemplo en las cabinas de bronceado, potencian los efectos negativos de los rayos ultravioletas en general. A veces, las lámparas UVA, cuando se van gastando, emiten luz UVB, con lo cual estamos recibiendo rayos sumamente dañinos sin saberlo.

No obstante, hay enfermedades cutáneas como la psoriasis, para las que la radiación UVA puede servir de tratamiento. Sólo se deben utilizar con un examen previo de la piel por parte de un dermatólogo y siguiendo estrictamente sus indicaciones, además de exigir un equipo de radiación y un personal altamente cualificado.

EL FOTOTIPO

Se conoce como fototipo la capacidad de la piel para asimilar la radiación solar, y es conveniente conocer nuestro fototipo para poder elegir mejor el protector que más nos conviene.

Su clasificación oscila entre I y VI.

* *Fototipo I:* corresponde a las personas que suelen tener el cutis muy pálido, multitud de pecas, el pelo pelirrojo o rubio casi platino. Su piel se quema siempre, no se broncea nunca y suelen sufrir reacciones fotoalérgicas al exponerse de forma prolongada a la luz solar directa. Deben extremar sus cuidados ante el sol y se les recomienda un producto pantalla total o siempre con factor de protección 20 como mínimo. Es importante evitar las horas de radiación solar máxima (el mediodía), y no olvidarse de reaplicar el fotoprotector cada dos horas.
* *Fototipo II:* a él pertenecen las de cabello rubio o castaño claro, generalmente de ojos claros con pieles blancas, sensibles y delicadas, que casi siempre se queman y se broncean con dificultad. La protección recomendada son aque-

llos solares con factor de protección alto, de 20 en adelante.

- *Fototipo III:* es el más corriente, se da en las personas de cabello rubio oscuro o castaño, y cuya piel tiende a enrojecerse primero y a broncearse tras los primeros días de exposición, por lo que en los primeros días suelen necesitar un nivel de protección alto (15) y pueden recurrir a uno medio en los días sucesivos (alrededor de doce), si bien lo ideal es mantener siempre el nivel de protección más alto posible.
- *Fototipo IV:* es el característico de personas con cabello y ojos oscuros y la piel aceitunada. Son pieles que se broncean fácilmente. Ello no quiere decir que no necesiten protección, ya que, en su caso, el daño solar se traduce en aparición de manchas de pigmentación y engrosamiento de la epidermis y unos poros más abiertos, por lo que se recomienda un factor de protección 12.
- *Fototipo V:* propio de personas de cabello castaño muy oscuro o negro y pieles muy oliváceas. Se broncean con facilidad, no se queman prácticamente nunca. Aun así deben protegerse con un factor de protección 8 para evitar futuras manchas de pigmentación y flacidez.
- *Fototipo VI:* propio de la gente de raza negra, con el cabello negro y la pigmentación de su piel muy oscura. Su color se intensifica al sol, pero no se quema nunca. Con todo, no está de más usar un fotoprotector de índice 6 para preservar la juventud de la piel.

¡Vámonos a comprar el protector solar!

Por fin, la familia Fernández acude a comprar su protector solar. La conversación con el farmacéutico no tiene desperdicio:

—¿Qué desean? —les dice el boticario al ver llegar a los cuatro miembros de la familia Fernández.

—Queremos un protector solar —le responde el padre, como portavoz del resto de la familia.

—¿Cuál quiere? Tengo en el expositor más de veinte marcas diferentes, y de cada una, muchas presentaciones —le responde automáticamente el boticario.

—Denos uno bueno —responde el padre, creyendo que con eso estaba ya todo dicho.

—Buenos son hoy todos. De lo que se trata es de saber si lo quieren de protección alta, media o baja —les aclara el farmacéutico.

—Con uno alto, con un factor de 50 al menos, no fallamos —dice el padre, pensando que ésa sería una respuesta definitiva.

—Pero, papá, ¡así no nos vamos a poner morenos! —exclama su hija.

—Eso es falso —interviene el farmacéutico—. El protector solar evita la quemadura, y uno puede llegar a estar discretamente bronceado usándolo diariamente.

—Bueno, pues deme uno de gama intermedia —dice el padre suspirando.

—Correcto. ¿Es para usted? —pregunta el boticario al ir a escoger el envase del expositor.

—No, es para todos —aclara el padre.

—Pero ¡eso no vale! Cada persona necesita uno específico, dependiendo de su tipo de piel —les advierte el farmacéutico—. Para usted, de piel clara, ojos claros y con lo rojo que está, debe ser 50+. Para sus hijos, más morenos, de 20 a 30.

—¿Y para mí? —pregunta la esposa de Pedro.

—Pues también alto, de 50+, ya que veo que tiene signos en la cara de haberle gustado mucho el sol —le responde el boticario, al observar en ella las manchas y arrugas prematuras en la cara y el escote.

—¿Y cómo lo quiere: en crema, emulsión, gel, aerosol, espuma o polvos compactos? —insiste el farmacéutico.

—¡Vaya tela! No sabía que era tan complicado comprar un protector solar. ¿Tantos hay en el mercado?

—Claro, cada tipo de piel requiere el suyo. Deben ser escogidos a medida, como un traje. En este sentido, deberían haberse dejado aconsejar de su dermatólogo. ¡No vale uno para todos y para todo el verano! —exclama el farmacéutico ante la cara atónita de la familia Fernández.

—Entonces ¿cuál nos llevamos?

—Por ejemplo, a usted —le dice al padre— le gustará usar uno tipo gel para que no le dé grasa; su esposa, en emulsión, para que le hidrate algo, y sus hijos, el pediátrico, más denso y más resistente al agua. Cada uno, el suyo. Además, tenga en cuenta que hay que aplicarlo 30 minutos antes de exponerse al sol y debe reaplicarlo generosamente cada 2 horas.

—¡Que disfruten del día! —les dice el farmacéutico a los Fernández, cuando ya salían cada uno con su envase de protector solar.

Esta conversación ocurre todos los días en farmacias y parafarmacias.

Tipos de protectores solares

Los protectores solares son invenciones modernas. La industria de los protectores no comenzó en realidad hasta la Segunda Guerra Mundial, cuando los gobiernos beligerantes necesitaron cremas para la piel a fin de proteger a sus tropas estacionadas en el Pacífico y otros lugares de clima extremo. Asimismo, la práctica de tomar baños de sol hasta que el cuerpo adquiera un tono dorado o bronceado es un fenómeno moderno, que ocurrió hace sólo casi cincuenta años. La actitud predominante en ese momento era que, tras haber tomado suficientemente el sol, el bañista se colocaba bajo una sombrilla o se vestía de nuevo. Sin embargo, los soldados que peleaban en tierras de África o en Filipinas, que trabajaban en las cubiertas de los portaaviones o que, en un momento dado, podían encontrarse a bordo de una balsa en pleno Pacífico, no podían gozar de la sombra a su antojo. Para ello, utilizaban el llamado aceite de parafina rojo, el primer protector solar de la historia. Se trata de un subproducto inerte del petróleo, el residuo tras la extracción de la gasolina y otros refinados. Su color rojo natural, debido a un pigmento, cierra el paso a los rayos ultravioleta del sol. Las fuerzas aéreas de Estados Unidos distribuían aceite de parafina rojo entre sus pilotos, en previsión de que pudieran ser derribados en territorios tropicales.

Igualmente, por los años cincuenta, se puso de moda el bronceado, dicen que debido a Coco Chanel, que utilizó a modelos muy morenitas. El doctor Benjamin Green, que estaba convencido de que existía un vasto mercado para la estética del bronceado, se valió de la tecnología que él había ayudado a desarrollar para crear una loción cremosa, de un blanco puro, aromatizada con esencia de jazmín. El producto, llamado Copertone, permitía al usuario conseguir una coloración cobriza de su piel. Lanzado al mercado, el Copertone contribuyó a difundir la moda del bronceado en todo el mundo.

Hoy en día, a los 50 años de su introducción, tenemos una gran variedad de productos que nos defienden del sol y pueden ser clasificados como filtros, protectores o bloqueadores, dependiendo de las sustancias que contengan. En general, los protectores poseen productos orgánicos que protegen contra la exposición a la radiación ultravioleta B, mientras que los bloqueadores incorporan sustancias inorgánicas. Estos componentes inorgánicos permanecen en la superficie de la piel sin absorberse, lo que previene que tanto los rayos UVB como los UVA lleguen a la piel.

Así, se clasifican en tres tipos:
- Filtros físicos o inorgánicos. Son impermeables a la radiación solar y actúan sobre la radiación por reflexión, es decir, que reflejan la luz. Además de los rayos ultravioleta, controlan los visibles y el infrarrojo. Podríamos decir que actúan a modo de pantalla, y los más utilizados son: el óxido de zinc, el dióxido de titanio y la mica. Son cosméticamente poco adecuados, ya que dan aspecto de máscara y necesitan mantenerse con reaplicaciones frecuentes.
- Filtros químicos u orgánicos. Son los más utilizados. Actúan por absorción de la radiación solar

ultravioleta. Captan la energía y la transforman en una longitud de onda distinta, inocua para la piel. Los más conocidos son el PABA (ácido para-amino benzoico), el ácido cinámico, el ácido sulfónico, el alcanfor, la benzofenona y el dibenzoilmetano.

- Filtros biológicos. Actúan directamente sobre el mecanismo que altera la luz solar a nivel celular. Pueden ser los que tengan más futuro, pero todavía están en desarrollo.

¿QUÉ ES EL FPS?

Físicamente, el FPS (Factor de Protección Solar) es un número que indica cuál es el múltiplo de tiempo al que se puede exponer la piel protegida para conseguir la misma rojez o quemadura que se obtendría si no se hubiese aplicado ninguna protección. De esta manera se evita el quemarse, en comparación con el mismo tiempo de exposición pero sin la protección del filtro solar. Por ejemplo: si una persona puede exponerse al sol el primer día 10 minutos sin tener enrojecimiento ni quemaduras, un FPS 15 utilizado adecuadamente la protegerá del sol durante 150 minutos (10×15).

El FPS es, pues, un índice que nos indica el tiempo que podemos exponernos al sol sin riesgo de quemaduras. Cuanto más alto es el FPS, más alta es la protección de los rayos solares. Si una persona es capaz de estar 20 minutos expuesta al sol sin quemarse, la elección de un fotoprotector 8 le supondrá una protección ocho veces superior. Este factor se calcula dividiendo la dosis eritematógena mínima (DEM) con la aplicación del filtro solar, entre la DEM sin filtro solar.

El problema ha sido hasta ahora la falta de homologación de estos FPS de una marca a otra. En Europa se ha creado un sistema unificador llamado COLIPA, donde es una agencia externa a la que fabrica el producto quien atorga su protección homologada. Ya no existirán más protectores superiores a 50+, y éstos rondan el 98 por ciento de filtración.

Hay cuatro métodos de determinación del FPS. El FDA (estadounidense); el DIN (alemán), en el que los valores resultantes son la mitad de los del FDA; el SAA (australiano), en el que los valores resultantes son intermedios entre los dos anteriores; y el europeo, creado en 1994 con el objetivo de obtener un método validado para todos los países de la Unión Europea, realizado por la (Agrupación Europea de Fabricantes de Productos de Cosmética y Perfumería) COLIPA. Por ello, es conocido como método COLIPA.

La clasificación de COLIPA en fotoprotección es:
- Bajo: 2, 4, 6.
- Medio: 8, 10, 12.
- Alto: 15, 20, 25.
- Muy alto: 30, 40, 50.
- Ultra: 50+.

Cómo escoger un protector solar

En las etiquetas de los envases de estos productos se indica la composición cualitativa de los filtros solares y bloqueadores que contienen. Se recomienda adquirir un protector en cuya etiqueta se verifique que es de «amplio espectro», es decir, que filtre tanto los rayos UVA como los UVB. Además, el valor del factor de protección solar (FPS) debe aparecer en la cara principal del envase. La clasificación del factor de protección solar indica a la persona durante cuánto tiempo puede estar protegida de las quemaduras solares en comparación con el hecho de no aplicarse ninguna loción. Hoy se les llama en Estados Unidos «factor de protección solar frente a la quemadura», ya que realmente su efecto es ése: evitar la quemadura, verdadera promotora del cáncer de piel.

De esta forma, la protección de las pantallas podría clasificarse desde mínima, si el factor de protección está entre 2 y 11; hasta la máxima, con un FPS de 50+. Como dato, podemos mencionar que una crema con un factor 30 puede absorber más del 92 por ciento de la radiación UVB, y otra con factor 50 protege hasta un 97 por ciento.

Los protectores solares con un factor mayor ofrecen protección por periodos de tiempo más prolongados, pero hay que tener cuidado con aquellos que indican un FPS mayor que 50, pues la diferencia real en cuanto a protección suele ser in-

> significante. Por ejemplo, una crema con factor de protección 60 no protege cuatro veces más contra las radiaciones que otra cuyo factor sea 15.

Además, debemos saber escoger el excipiente adecuado a cada piel: hidroalcohólico, gel, emulsión o/w, crema, aceites, espuma, etcétera. Cuanto más graso sea, mayor penetración, permanencia y protección. Por el contrario, cuanto más líquido, menos penetra, menos filtra y más reaplicaciones necesita. Según sea su piel —grasa, seca o mixta—, debe escoger el más adecuado. Pruebe las texturas hasta ver cuál le satisface más. ¡Hay de todos los gustos!

Consejos prácticos

Tenga en cuenta lo siguiente:

- El uso de un protector solar con un FPS de 20 a 30 ofrece una buena protección contra las quemaduras solares y suele evitar el bronceado.
- Elija un protector solar de amplio espectro que filtre tanto los rayos ultravioleta A (UVA) como los B (UVB).
- Un protector solar con un FPS menor de 4 ofrece una protección mínima. Sólo es adecuado si usted siempre se broncea pero casi nunca sufre quemaduras.
- Los protectores solares con un factor FPS mayor brindan protección por periodos más prolongados que los que tienen FPS menores.

- Aplique el protector solar en todas las zonas de la piel expuestas, incluso en el borde de las orejas, los labios, la parte posterior del cuello y los pies, que siempre suelen quedar desprotegidos.

- Es aconsejable que todas las personas utilicen protector solar (desde los seis meses en adelante), independientemente del tipo de piel, puesto que todos los tipos de piel necesitan protección contra los rayos solares UV. Si bien los tipos de piel más claros corren mayor riesgo de sufrir cáncer de piel, todo el mundo se expone de alguna manera si no adopta las medidas oportunas. Los rayos UVA también pueden contribuir al envejecimiento prematuro y a la aparición del cáncer de piel.

- Utilice protector solar en abundancia. La dosis recomendada es de dos miligramos por centímetro cuadrado. Repita la aplicación cada dos horas, después de meterse en el agua o de practicar ejercicio, o si ha sudado mucho. La exposición indirecta al sol también puede provocar quemaduras. Tenga en cuenta el tiempo que pasa paseando el perro, yendo de compras o haciendo ejercicio durante el horario del almuerzo.

- Hay productos con fórmulas resistentes al agua adecuados para realizar deportes acuáticos o simplemente para nadar. Éstos son:

  a) *Water-resistant:* cuando el fotoprotector no ha perdido la capacidad protectora (su FPS) después de 40 minutos de natación o permanencia continuada dentro del agua. Para evaluarlo, se prueba sobre la espalda de bañistas que nadan durante periodos de 20 minutos.

b) *Waterproof:* cuando el fotoprotector actúa durante más de 80 minutos después de entrar en contacto con el agua.

Autobronceadores: una gran solución

En Sevilla es común que todas las jovencitas antes de la Feria de Abril quieran tener la piel bronceada para que les haga mejor contraste con el traje de flamenca y estén más favorecidas. Algunos años, el tiempo se ha presentado muy tormentoso semanas antes, y no habían podido exponerse al sol para obtener un bronceado adecuado. Pero ahí estaban, muy morenitas. Extrañado, les pregunté a varias de ellas cómo estaban tan morenas si no había hecho sol, y todas me dijeron: «¡Usamos un autobronceador!».

Esta solución es fantástica. Sin duda, de gran futuro. Los autobronceadores han progresado notablemente y proporcionan durante todo el año un tono bronceado en un tiempo récord y sin dañar la piel. Ahora incorporan todo tipo de activos de tratamiento. En los últimos años han mejorado su aplicación para que cada vez sea más fácil y uniforme; su tono, para que sea más luminoso y natural, lejos del efecto de naranja que dejaban hace años, y la textura, para que seque inmediatamente.

Su truco es fácil: contienen una molécula llamada DHA (dihidroxiacetona) que al entrar en contacto con la epidermis produce una reacción química de oxidación y tiñe las células muertas de la capa más externa de nuestra piel, destinadas a ser eliminadas en dos o tres días por el proceso natural de descamación. Por eso, si el tono logrado no es de nuestro agrado, basta con esperar ese periodo para que desaparezca.

El tono también dependerá de su fórmula. Con sólo un 2 por ciento de DHA se consigue bronceado sin sol, pero la mayoría de los autobronceadores incluyen entre un 3 y un 6 por ciento. El color puede ir desde el anaranjado hasta el marrón tostado, por lo que es conveniente probar el autobronceador en alguna zona de la piel poco visible antes de extenderlo por la cara o por el cuerpo. El fuerte olor y las tonalidades un tanto artificiales de los autobronceadores parecen ser cosa del pasado, pero no está de más que nos aseguremos —con una muestra solicitada en el establecimiento— de que realmente es así.

Pero cuidado: ¡no estamos protegidos frente al sol! El autobronceador no estimula la melanina, es decir, no genera color de forma natural —que es lo que protege—, por lo que hay que usar protección solar media o alta.

LA ROPA COMO PROTECCIÓN SOLAR

Por fin, la familia Fernández se va a la playa, hasta arriba de bolsas. Nada más llegar, ponen su sombrilla, se quitan la camiseta y empiezan a buscar el protector. Pero he aquí que no aparecía. ¡Y lo acababan de comprar!

—Mamá, ¿dónde está el protector solar? —le pregunta Carlos a su madre.

—Pues en la bolsa —le contesta ella.

—Imposible, no lo encuentro. ¿Qué hago ahora? —se plantea Carlos, preocupado, sabiendo que con lo blanco que es, se va a quemar con seguridad.

—Pues no te pongas al sol. Quédate en la sombrilla —le dice con autoridad su madre, terminando la conversación.

Efectivamente, este olvido ocurre a diario. Pero no pasa nada. No debemos obsesionarnos con la idea de que la protección solar sólo es posible con las cremas.

Los amantes del sol no quieren oír hablar de eso, pero cada vez existe mayor evidencia de que la mejor forma de protegerse contra los rayos ultravioletas es evitando la luz del sol, usando ropa adecuada para minimizar esa exposición. Los protectores solares constituyen más bien una segunda y no muy buena opción, pero son mejores que nada. A veces se abusa de ellos por el afán de aumentar el tiempo de exposición al máximo. El hecho de que el 40 por ciento de los que usan cremas antisolares hayan sufrido quemaduras, unido a la falta de uso por problemas de alergia, justifican la necesidad de buscar nuevas estrategias en fotoprotección.

A la familia Fernández habría que recordarle que más importante que el protector solar es llevar a la playa o al campo:

- Una gorra o sombrero que nos proteja el cuero cabelludo y la cara. Debe ser de un tejido tupido, sin calado o agujeros, y con ala ancha y discretamente inclinada, para que la sombra a toda la cara sea uniforme.
- Una camiseta de algodón, preferiblemente de manga larga.
- Unos pantalones.
- Unas gafas de sol.

El mensaje «use ropa adecuada» se constituirá como protagonista de casi todas las campañas de protección solar venideras en el siglo XXI. La ropa constituye una buena protección frente al sol y se mide en unidades UPF.

Se han realizado múltiples estudios para analizar cuál es la más adecuada, dependiendo de la eficacia de su porosidad, peso, espesor y color. La tela de mayor índice de protección solar es la de una conocida marca de ropa vaquera, con 100 UPF; las camisetas de algodón protegen 12 UPF (menos que una crema antisolar 15 FPS), y si están húmedas o mojadas no llegan a 8 UPF; y por último, las medias de *lycra*, sólo un 2 UPF. Las prendas de tejido apretado y gruesas de dril, lana o poliéster ofrecen la mejor protección, mientras que el algodón, el lino y el acetato son menos efectivos. Desde 1996 existe en Australia y Nueva Zelanda una homologación en ropa antisolar, según su normativa AS/NZS 4399, así como para gafas de sol (AS1067).

Para potenciar el efecto antisolar de la ropa, se están lanzando al mercado novedades muy útiles. Por ejemplo, CIBA ha creado y comercializado productos de elaboración propia. El Cibafast-Cel es un absorbente que aporta un UPF mayor de 40, que se añade al color de la ropa, no produce dermatitis de contacto y resiste a los lavados. El Tinasorb-S, también de CIBA, produce una absorción de UV muy amplia, al quedar impregnada la ropa durante el lavado. Cuanto mayor es el número de lavados, más protección antisolar confiere a la ropa. Con 30 lavados, produce un UPF mayor de 30. Este producto se vende ya en Estados Unidos y en España y se añade al jabón de la lavadora. En Japón se ha comercializado ropa tratada con ácido ferúlico, que absorbe el 98 por ciento de ultravioletas y ofrece una protección añadida frente al *S. aureus*. Además, algunos fluorescentes ópticos, que transforman el color blanco-amarillento en azul, tienen efectos de reflexión y absorción de luz.

También se ha constatado en los últimos años un gran interés en hábitos de vida saludables en la fotoprotección. No se debe estar en la playa al mediodía. ¡Pero he aquí que los dermatólogos sabemos que en eso tenemos la guerra perdida de antemano!

Otra solución es el uso de la propia naturaleza. La fotoprotección que proporciona la arboleda es fundamental si se hace una vida frecuente al aire libre. Su protección es mayor que la de una sombrilla, y llega a ser muy alta si la arboleda es muy frondosa. Se aconseja en grandes ciudades, donde sus habitantes tienen hábito de pasear o hacer deporte en los parques. No obstante, su factor de protección (oscila de 10 a 30) varía mucho dependiendo de la latitud geográfica, ya que ésta condiciona mucho el tamaño de la sombra.

La protección solar con sombrillas no suele usarse de manera adecuada, a pesar de que sean tan visibles en nuestras playas. Sólo la usan correctamente del 10 al 14 por ciento de los niños y adultos. Su explicación es fácil: en una sombrilla de tamaño normal caben holgadas sólo dos personas. Para evitar la radiación reflejada en la arena, en los próximos años las sombrillas serán de tipo iglú.

EL CÁNCER DE PIEL: UN RESUMEN PRÁCTICO

El final de una exposición solar excesiva durante años, sin tomar las precauciones necesarias, es la aparición del cáncer de piel. No creamos que una lesión cancerosa es el resultado de un día de mucho sol. Tampoco de un verano. Es la suma de muchos de estos días a lo largo de los últimos 10 o 15 años.

Hoy por hoy, la radiación solar es el cancerígeno más conocido; ¡más incluso que el tabaco! Es cierto que seguramente existirán otros factores que puedan influir, pero más del 80 por ciento de responsabilidad en la aparición del cáncer hay que atribuírsela al sol.

Brevemente, vamos a dar unas pinceladas que no quieren ser exhaustivas, sino prácticas.

¿Qué es el cáncer de piel?

Es una enfermedad en la que se encuentran células cancerosas en las capas exteriores de la piel. La piel protege al cuerpo contra el calor, la luz, las infecciones y las heridas. Pero el sol la daña extraordinariamente.

La piel está compuesta por dos capas principales y varias clases de células. La capa externa de la piel recibe el nombre de epidermis. Ésta contiene tres clases de células: células planas en forma de escamas en la superficie, llamadas queratinocitos; células redondas o células basales, y los melanocitos, las células que le dan el color a la piel.

Pues bien, dependiendo de la célula en la que se origine el cáncer, así será su carácter y agresividad.

Los más comunes son el carcinoma de células basales y el carcinoma espinocelular o epidermoide, que proviene de los queratinocitos. Estos tipos de cáncer de piel se denominan cánceres de piel no-melanoma.

Si se origina en los melanocitos, se conoce como melanoma. No es tan común como el cáncer de las células basales o el cáncer espinocelular o epidermoide, pero es mucho más grave, sobre todo si se diagnostica en estadios avanzados.

¿Surgen espontáneamente o a partir de otras lesiones previas?

Lo habitual es que aparezcan en piel sana, que se daña directamente. No obstante, hay algunas lesiones que pueden degenerar, las llamamos «precancerosas».

Por ejemplo, las queratosis solares son lesiones precancerosas que aparecen en la cara y el cuero cabelludo (sobre todo, en varones calvos desde la juventud) y que pueden convertirse en carcinoma espinocelular. Se detectan fácilmente: son lesiones escamosas, que se desprenden al rascarlas, pero vuelven a salir en el mismo sitio, de color rojo o marrón, generalmente en las áreas que han sido expuestas al sol.

Ciertos lunares, los nevus displásicos, también pueden ser considerados como un precáncer (véase capítulo V).

Lo importante de estas lesiones es que son tratadas con facilidad y se evita un cáncer potencial.

Cómo se manifiestan

El cáncer de piel es más común entre las personas de piel blanca y que han pasado mucho tiempo expuestas a los rayos solares. Puede ocurrir en cualquier parte del cuerpo, pero es más frecuente en las áreas con mayor exposición a los rayos solares, como la cara, el cuello, las manos y los brazos.

El aspecto del cáncer de piel puede variar. Nunca es tan espantoso como cabría imaginar. Además, ¡el tumor siempre empieza siendo pequeño, y sólo crece con el tiempo! No dejemos que algo extraño crezca en nuestra piel sin saber qué es.

El signo más común del cáncer de piel es un cambio en el aspecto de la misma, como un crecimiento o herida que no sana. A veces, puede haber una pequeña protuberancia, de apariencia suave, brillante y perlada, o también de un tono rojo o marrón rojizo. El cáncer de piel también puede aparecer como una mancha roja áspera o escamosa.

No todos los cambios en la piel significan que se tiene cáncer; sin embargo, se deberá acudir al dermatólogo al notar alguno sospechoso.

Tipos de cáncer de piel

- **Carcinoma de células basales**. El cáncer de las células basales es el tipo más común de cáncer de piel no-melanoma. Por lo general, se da en áreas de la piel que han estado expuestas al sol. A menudo, este cáncer aparece en forma de un abultamiento con apariencia suave y nacarada, y tarda muchos años en crecer. Otro tipo de este cáncer presenta aspecto de cicatriz, y es firme al tacto. Los cánceres de células basales pueden crecer excéntricamente, como un globo, a los tejidos alrededor del tumor, pero es casi imposible que se diseminen a otras partes del cuerpo.

- **Carcinoma espinocelular, epidermoide o de células escamosas.** Los tumores de este tipo también se dan en áreas de la piel que han estado expuestas al sol, a menudo en la parte superior de la nariz, la frente, el labio inferior y las manos. También pueden aparecer en áreas de la piel que se han quemado, han estado expuestas a productos químicos o a radioterapia. Por lo general, este cáncer aparece como un abultamiento rojizo y duro, y crece en muy poco tiempo. A veces, el tumor presenta un aspecto escamoso, o puede sangrar o desarrollar una costra. Los tumores de células escamosas pueden diseminarse a los ganglios de esa zona y producir metástasis a distancia.

- **Melanoma.** Puede aparecer en cualquier parte del cuerpo. Es fácil de identificar habitualmente por su aspecto negruzco. En ocasiones, el paciente recuerda que tenía en esa zona un lunar marrón oscuro. Crece en meses o años de forma superficial, que es el momento idóneo para su extirpación, con alto índice de curación. Posteriormente, el melanoma tiene un crecimiento vertical o invasor, produce metástasis a distancia y se reducen las posibilidades de curación drásticamente.

Cómo se diagnostican

La simple visión es normalmente suficiente para su diagnóstico, ya que el dermatólogo está adiestrándose para ello durante años.

A veces, utilizamos una lupa. Otras, un dermatoscopio, para ver muy aumentadas las lesiones. Existen algunos sistemas digitales que permiten afinar extraordinariamente la opinión y evitar o aconsejar extirpar la lesión.

Si el médico lo cree conveniente, se puede analizar el tejido en el microscopio. Este procedimiento se conoce como biopsia, y generalmente puede llevarse a cabo en el consultorio médico. Antes de la biopsia, se administra un anestésico local para adormecer el área durante un corto periodo de tiempo.

Tratamiento

El cáncer de piel es el cáncer de nuestro organismo que tiene las cifras de curación más altas, próximas al 100 por ciento si se diagnostica a tiempo. El mejor tratamiento es, hoy por hoy, la extirpación quirúrgica, normalmente con anestesia local. También se pueden usar otros tratamientos quirúrgicos, como la criocirugía, electrocirugía, cirugía micrográfica de Mohs y láser.

En ocasiones, la cirugía deja una cicatriz en la piel. Dependiendo del tamaño del cáncer, se puede tomar piel de otra parte del cuerpo para ponerla en el área donde se extrajo el tumor. Este procedimiento se denomina injerto o colgajo de piel. Existen nuevos métodos quirúrgicos, colgajos e injertos a través de los cuales se pueden reducir las cicatrices, así como mediante láser a los pocos meses de la propia cirugía.

No obstante, no siempre es necesario operar. Cada día toma más auge el tratamiento inmunológico, es decir, utilizar las defensas del propio individuo. El imiquimod o la terapia fotodinámica son tratamientos médicos muy efectivos en el cáncer de piel. Es posible que en el futuro todos los cánceres de piel se curen así.

LA FAMILIA VUELVE A CASA

Se lo han pasado fenomenal. Aunque han estado todos al sol el mismo tiempo, usando poca o nula protección solar, el daño solar ha sido diferente en cada uno, en función de su tipo de piel. Pero a ninguno le ha dejado la piel sin dañar. Pedro, el padre, de piel y ojos claros, se ha quemado con mucha facilidad: está como un tomate. Y esto realmente es peligroso, ya que facilita aún más el desarrollo de un cáncer de piel. De hecho, en su cuero cabelludo ya se apreciaban queratosis solares, y el sol de estas vacaciones podría ser la espoleta para su degeneración. Su hijo Carlos, también de piel clara y muchos lunares, ha acumulado radiación para el futuro. Ahora no tiene nada, pero en unos años esos lunares podrían degenerar en melanoma. Su hermana, más pequeña, morena, ha estado al sol todo el tiempo que ha querido, creyendo que ese sol queda perdido en el tiempo. No sabe que antes de los 20 años recibimos el 80 por ciento del daño solar de toda nuestra vida. Y Rosario verá cómo en unos meses, de forma traicionera, sus manchas y arrugas de la cara y el escote se acentúan y empiezan a ser un verdadero problema.

Pero ellos piensan erróneamente que su bronceado les favorece y están muy saludables. ¡Qué gran equivocación!

CAPÍTULO VII

Me estoy quedando calvo

¿LLEGARÁ EL PRÍNCIPE GUILLERMO DE INGLATERRA CALVO AL DÍA DE SU BODA CON KATE MIDDLETON?

«¡Vaya un titular!», pensó Nacho cuando leyó la noticia en una revista de la prensa rosa que le había dejado su hermana. Como sintió curiosidad, siguió leyendo más abajo y efectivamente era cierto lo que jocosa y maliciosamente describía la autora del artículo. Las fotos no dejaban lugar a dudas. A sus 24 años, el príncipe Guillermo tenía el pelo tan claro ¡que se le veía el cartón!, como decían sus amigos sevillanos.

«¡Qué raro! —pensó—. ¿Y cómo este chico no ha acudido a ningún dermatólogo, con todo el poderío que tiene?». Y en un mar de dudas, siguió leyendo titulares y pasando páginas de la revista a todo color.

«Qué curioso, otra vez hablan del pelo de los famosos, ahora de Bertín Osborne. ¡Huy, pero si dicen aquí que Bertín Osborne está trasplantado!

Nunca lo hubiera pensado de este fenómeno», se dijo para sí mismo.

Ya interesado con el tema, empezó a mirar el pelo de los famosos. La verdad es que, ahora que se fijaba bien, había más famosos perdiendo pelo de lo que él pensaba. Se sucedían páginas con el rey Juan Carlos, Julio Iglesias, Ronaldo, Kevin Costner y Jack Nicholson, todos mostrando señales incipientes de calvicie o ya sin ningún pelo. En un artículo casi del final, Bruce Willis iba acompañado de una fantástica mujer, ¡pero totalmente calvo!

«¡Y yo que pensaba que el pelo te hacía más atractivo, pues vaya cómo liga este calvo!», pensó. El mismo Willis decía en el artículo: «El perder pelo es la forma en que Dios te muestra que eres

ME ESTOY QUEDANDO CALVO

sólo un humano. Él te quita el pelo de la cabeza y te lo pone en las orejas», afirmaba con gran sentido del humor el protagonista de *La jungla de cristal*.

Terminó la revista algo mosqueado. Inmediatamente, fue al espejo y examinó con detenimiento su pelo. Delante estaba bien, pero al poner un espejo en la zona de la coronilla, lo que se veía era ¡el cuero cabelludo! «Nunca me había fijado», se dijo Nacho con preocupación.

Pues ¡yo a los 23 no quiero quedarme calvo!

NUNCA HA GUSTADO QUEDARSE CALVO

La reacción natural de Nacho a resistirse a la calvicie es innata en el ser humano. El cabello ha sido siempre parte del juego de la presentación personal y de la seducción. Mejor corto, largo, rizado o lacio, lo cierto es que nadie quiere quedarse calvo.

La tradición cultural de muchos pueblos refleja la actitud negativa hacia la calvicie. El cabello espeso plasmaba la supremacía espiritual, expresaba fuerza moral y física. Por eso, los antiguos dioses Zeus, Júpiter o Apolo tenían cabellera espesa.

Ya en la Biblia aparecen referencias sobre mofas hacia aquellos que padecían calvicie. La historia más conocida es la de Sansón y David, personajes del Antiguo Testamento con una fabulosa cabellera. Un día Sansón perdió sus cabellos, y junto a ellos también su descomunal fuerza. La alusión es bastante clara: el cabello fuerte significaba algo bueno, la calvicie significa algo malo o negativo.

Aunque Mika Waltari cuenta en su libro *Si-nuhé, el egipcio* que uno de los mayores placeres de la época era acariciar la cabeza completamente rapada del ser amado, la realidad es que a los egipcios tampoco les gustaba la calvicie. De hecho, las primeras descripciones de un remedio contra la caída de cabello fueron descubiertas en Egipto, escritas sobre un antiguo pergamino. Los egipcios desarrollaron una amplia variedad de tratamientos para combatir la calvicie untando grasa de animales peludos con la intención de trasladar las propiedades de éstos a sus cráneos. Pero finalmente encontraron que era mejor hacer pelucas con el pelo de dichos animales y utilizar la grasa para otros fines.

Hipócrates, uno de los grandes calvos de la historia, trataba la calvicie con un brebaje especial que contenía opio, rábano, olivas y excremento de palomas; por supuesto, sin efecto alguno. Aristóteles, una de las mentes más privilegiadas que ha existido a lo largo de la historia, se aproximó mucho a la realidad y a la esencia de la afección cuando observó que los eunucos eran inmunes a la calvicie. Julio César pasaba horas enteras delante del espejo, tratando de peinarse de tal manera que no se notase el pelo que le faltaba, y se cree que ése fue uno de los motivos de la tradición de fijar el cabello con la corona de laurel. Cleopatra, en un intento desesperado de poner fin a la incipiente calvicie de Julio César, elaboró una especie de crema con diente de caballo y grasa de oso y ciervo. Tampoco tuvo éxito. Los primeros cristianos llevaban el cabello largo, como Jesús y sus discípulos. Los antiguos germanos cortaban el cabello a los delincuentes para marcar su deshonra. En el Oriente trataban con desdén a los hombres calvos porque creían que junto con el cabello ellos perdían su fuerza viril. Y durante siglos no han existido muchos cambios en esta situación.

¿Qué es el pelo?

Cuando miramos a un congénere, una de las características corporales que más destaca y define a esa persona es su cabello. La realidad es que estamos cubiertos de pelo por casi la totalidad de nuestro cuerpo. Las únicas zonas en las que no existe pelo en los humanos son los labios, la palma de las manos y la planta de los pies. Tenemos dos clases de pelo: el grueso y áspero que cubre la cabeza, al que llamamos cabello; y uno más fino, denominado vello, en el resto del cuerpo. Este último es más fácil sentirlo que verlo, al pasar la punta de los dedos suavemente por la mejilla, brazos o piernas.

El cabello de nuestra cabeza es una parte muy importante del cuerpo. No está ahí sólo como decoración. Nos mantiene abrigados, preservando el calor (perdemos un 90 por ciento del calor del cuerpo a través de la cabeza). El pelo en la nariz, las orejas y alrededor de los ojos protege estas áreas sensibles del cuerpo contra el polvo y otras partículas pequeñas. Las cejas y pestañas protegen los ojos al reducir la cantidad de luz y partículas que penetran en los mismos. El vello ayuda a ajustar la temperatura del cuerpo. Cuando se tiene frío y la carne de gallina, los pelos se ponen de punta para ayudar a retener el calor. Y cuando se suda, el pelo responde poniéndose plano en la piel para mantenerse fresco (véase figura 8).

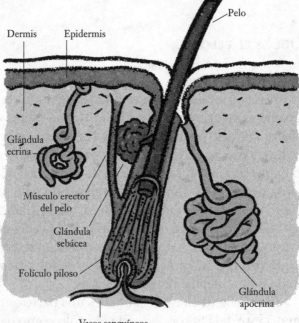

Figura 8. Representación de un pelo y su relación con la glándula sebácea y las glándulas sudorales apocrinas y ecrinas.

De qué está constituido el pelo

El pelo está constituido por una proteína: la queratina. Esta palabra deriva del étimo griego *keros*, que significa «cuerno». Está compuesta en su mayor parte por azufre y una pequeña parte de hidrógeno en forma de hélice, lo que le confiere una gran resistencia. Las hélices, que se enrollan hacia la derecha, se unen en grupos de cuatro llamados microfibrillas, y éstos, a su vez, en otros denominados fibrillas. Estas uniones le dan al cabello la fuerza a la torsión y a los estiramientos. Para hacernos una idea, su resultado morfológico final es como una cuerda o maroma, que se torsiona sobre sí misma y aporta gran resistencia. La composición química del cabello es la siguiente:

• 28 por ciento de proteínas; de ellas, la más abundante es la queratina, con cadenas polipeptídicas muy ricas en cisteína.

• 2 por ciento de lípidos.

• 70 por ciento de agua.

• Principales elementos: carbono, hidrógeno, oxígeno, nitrógeno y azufre; en menor cantidad, calcio, cobre, cadmio, mercurio, zinc, plomo, hierro, arsénico, silicio, magnesio, uranio, vanadio, sodio y potasio.

Cuando el pelo se moja, se estira. El hidrógeno aporta una resistencia extra que se pierde cuando el cabello está mojado, de ahí que no se mantenga firme y se quede pegado a la piel. Aparte del propio peso del agua, que también influye, el agua actúa como un disolvente de ese hidrógeno y debilita los puentes que forma el hidrógeno de la queratina; eso sí, según se evapora el agua, los puentes vuelven a reforzarse y el cabello recupera su forma fibrosa y erguida. Por el contrario, cuando hacemos una permanente en la peluquería, sucede lo contrario: se contraen los puentes y se riza el pelo. En realidad, todo lo anterior es jugar con los puentes disulfuros de la queratina.

La queratina es parte importante de cabello y uñas. Pero también está presente en la parte más externa de nuestra epidermis; sin embargo, todos podemos comprobar que nuestra piel es más elástica y menos dura que las uñas. Esto es debido a que existen dos tipos de queratinas: blanda y dura. Todo depende del porcentaje de azufre. La queratina blanda contiene un porcentaje de azufre que no supera el 4 por ciento y es la que forma la epidermis. En la queratina dura, el porcentaje de azufre oscila entre el 14 y el 18 por ciento; es la que forma cabello y uñas, así como plumas, pezuñas, cuernos, etcétera.

Para qué sirve

No sabemos cuándo surgió el pelo, ya que generalmente no se conserva en los fósiles. El pequeño tamaño corporal y la posible endotermia de los primeros mamíferos y sus ancestros inmediatos sugieren que no podrían haber existido sin una buena cobertura aislante. Por tanto, es probable que estos animales tuviesen pelo, y la mayor parte de las reconstrucciones los muestran cubiertos de pelaje. El aislamiento es la más conspicua y quizá la más universal de las funciones del pelo en los mamíferos modernos, pero el aislamiento no es efectivo hasta que el pelo está lo suficientemente desarrollado y forma un pelaje. Podría ser que los primeros pelos se hubieran desarrollado como excrecencias sensoriales entre las escamas de algún terápsido ancestral, y sólo más adelante adquirieran la función de aislamiento. En los mamíferos modernos, el pelo sirve para aislar, como señal, para proteger y para percibir los alrededores más cercanos. El pelo desempeña una curiosa función en los animales que quizá no se ha perdido en los humanos: su coloración es un medio para hacer señales a otros miembros de la misma especie. Por eso, de forma instintiva nos sentimos tan atraídos por personas con un bonito pelo. Es decir, la atracción sexual y capacidad reproductiva de los humanos también tienen relación con el cabello.

Además, sirve para proteger la piel de la abrasión y del exceso de radiación UV. Los humanos hemos perdido la ayuda del vello en el sentido del tacto, usado por ejemplo para localizar presas o conducirse en la oscuridad total en otros mamíferos.

Cómo se forma el pelo

Todo el pelo de nuestro cuerpo, sea pelo o vello, crece de la misma forma. El cabello humano consiste en el tallo piloso, que es lo que vemos salir de nuestra piel, y la raíz, que está dentro de ella profundamente situada, a casi un centímetro, en el cuero cabelludo. Fíjense cómo es de profunda una ceja cuando uno se depila. La raíz termina en el bulbo piloso. Todo esto se sitúa en un hueco en forma de saco en la piel, el folículo, a partir del cual crece el cabello. En la base del folículo se encuentra la papila, donde tiene lugar el crecimiento real del cabello. La papila contiene una arteria que nutre la raíz del cabello. A medida que las células se multiplican y producen queratina para reforzar la estructura, son empujadas por el folículo a través de la superficie de la piel, como tallo piloso. En este tallo piloso las células ya no están vivas, y el pelo que se ve y se toca en cada parte del cuerpo está muerto. ¡Por eso no duele cuando lo cortas! Cada cabello tiene tres capas: la médula, en el centro, que es blanda; la corteza, que rodea a la médula y es la parte principal del cabello; y la cutícula, el plano externo más duro que protege al tallo.

Cada folículo piloso está unido a una glándula sebácea, que drena por el mismo poro por el que aparece el pelo. Estas glándulas sebáceas producen grasa, hacen que el pelo brille y sea más impermeable. Como la parte del cabello que se puede ver está muerta, esta grasa es bastante importante: permite que el pelo tenga buen aspecto y lo acondiciona.

El ciclo piloso

El folículo piloso no tiene un crecimiento continuado, sino que se produce en distintas fases, lo que constituye el ciclo piloso (véase figura 9).

Las fases que componen este ciclo son:
- Anagen. Es la fase en la que tiene lugar la formación del cabello. La duración media de esta fase es de tres años.
- Catagen. Es la fase de regresión, se detiene la división celular y el folículo se encoge. Su duración es de dos a cuatro semanas.
- Telogen. Es la fase de reposo durante la cual se produce la caída del cabello. La duración es de dos a seis meses, y la reposición se produce mediante una nueva fase de anagen.

En un estado normal, el porcentaje de las tres fases es del 14 por ciento en telogen, 1 por ciento en catagen y un 85 por ciento en anagen.

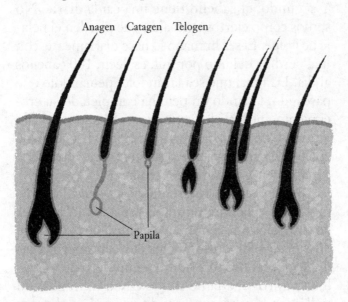

Figura 9. Ciclo de crecimiento del pelo.

Algunas curiosidades sobre el pelo

Cuando le preguntamos a un paciente cuántos cabellos cree que tiene en su cuero cabelludo, la respuesta siempre es la misma: millones. ¡No! Sólo son 100.000 cabellos. Cada cabello de la cabeza crece durante dos o seis años. Luego descansa unos meses, se cae y se prepara para volver a crecer. Si no se corta el pelo, puede crecer hasta alcanzar un metro y medio de longitud.

Una pregunta que nos hacen habitualmente es: si todos estos miles de pelos crecen y crecen, ¿cómo es que no tenemos una gran mata de pelo? Primero, porque el pelo crece muy lentamente —a un ritmo de sólo 1,25 centímetros por mes—. Y segundo, el cabello tiene una caída diaria. No somos como ciertos animales, que pierden el pelaje de golpe. El ser humano lo hace diariamente, con una pérdida del uno por mil, es decir, 100 cabellos al día. Da igual que sea lavándolo, peinándolo que paseando. Cuando un pelo ha completado su crecimiento, inexorablemente se cae. El nuevo cabello que crece de la raíz pronto lo sustituye. Este ciclo de crecer, descansar, caerse y sustituir el cabello ayuda a mantener la cantidad adecuada.

Algunos datos interesantes. La densidad promedio de cabello en un hombre a los 15 años es de 615 pelos por centímetro cuadrado; a los 30, de 485, y a los 80, de 435 pelos por centímetro cuadrado. En el hombre adulto el número de folículos es aproximadamente de cinco millones, un millón en la cabeza y cerca de cien mil en el cuero cabelludo. La edad en la que se presenta la mayor velocidad de crecimiento de pelo es entre los 15 y 30 años. La velocidad de crecimiento del pelo es de 0,44 milímetros por día en la coronilla; esto es, 15 centímetros por año y 0,27 milímetros en la barba. Cada cabello dura cerca de cuatro años y medio, de los cuales en la mitad hay crecimiento; su reemplazo tiene lugar durante los seis meses siguientes a la pérdida. La duración de la fase de crecimiento del pelo depende de la edad y de la ubicación del folículo; es así que en un hombre de 60 años este periodo del pelo de la coronilla oscila entre 17 y 94 semanas para cabellos gruesos, y entre 7 y 22 para cabellos finos; en un hombre joven, el periodo oscila entre 19 y 26 semanas en la pierna, 6 a 12 en el brazo, 4 a 8 en el dedo y 4 a 14 semanas en el bigote.

El color del cabello proviene de la melanina, la sustancia que le da al cabello y a la piel su pigmento. Cuanto más claro tenga alguien el cabello, menos melanina contiene. Una persona con cabello castaño o negro tiene mucha más melanina que una persona pelirroja o rubia. Las personas mayores pierden el pigmento de la melanina a medida que envejecen, lo que hace que su cabello sea gris o tenga canas. A menudo, el color de piel de la persona va con el color de su cabello. Por ejemplo, muchas personas rubias tienen piel clara, mientras que muchas de piel más oscura tienen el cabello castaño o negro.

El cabello es sorprendentemente sólido. Cada cabello resiste sin romperse una carga de 100 gramos. Al colocar todos los cabellos juntos y hacer un soporte con ellos, una cabellera de 120.000 pelos puede sostener 12 toneladas de peso. Esto significa una resistencia dos gramos por cada milímetro cuadrado de cabello.

Añadamos algunos detalles interesantes para lo que explicaremos posteriormente. Casi el 50 por ciento de los varones manifiestan signos de calvicie. Herencia y hormonas masculinas desempeñan un papel clave en la caída del cabello. El uso de sombreros, cascos o gorras no influye en absoluto en la aparición de la calvicie. No existe relación alguna entre calvicie y virilidad. Un champú debe ser un aliado, pero nunca un tratamiento para la alopecia.

¿LA CALVICIE ES UNA ENFERMEDAD?

—¡Pues vaya! —exclamó Nacho—. Nunca hubiera creído que el pelo tenía todas esas propiedades. Pensaba que era algo muerto, ¡y ahora resulta que está vivo, y bien vivo!

Cada vez más preocupado, Nacho no paraba de mirarse el pelo en todos los espejos por donde pasaba. Cientos de veces durante el día. Si iba en un ascensor, peor: se veía el cuero cabelludo cada vez más transparente. ¡Estaba obsesionándose! ¡Se sentía más calvo por minutos!

Para una persona hipocondriaca, como él, darse cuenta de que se estaba quedando calvo significaba mucho. «¿La calvicie es una enfermedad? ¿Estaré enfermo y no lo sé?», se preguntaba.

Sin descanso, se fue rápidamente a su diccionario enciclopédico y buscó *enfermedad* y *calvicie*. La conclusión que extrajo era que sí: la calvicie era una enfermedad. Efectivamente, en la calvicie existen alteraciones específicas en nuestro cuerpo que deben tratarse con medicamentos. Además explicaba que, si bien la calvicie no implica directamente un riesgo para la salud (muchos cometen el atrevimiento o desliz de catalogarla como no-enfermedad o incluso la consideran algo únicamente de carácter estético y sin valor clínico), no es nada despreciable su repercusión y desestabilización, sobre todo a edades tempranas, que de ella pudieran derivarse.

Nacho estaba inquieto en su fuero interno, desestabilizado, con menor autoestima, desde que se vio la coronilla despoblada. Por eso, decidió acudir a un especialista sin más dilación.

¿Adónde acudir para que me vean el pelo?

¿Y adónde iba? Nacho empezó a preguntar a todos sus amigos y familiares adónde debía acudir. Había leído en la prensa anuncios de centros capilares donde anunciaban tratamientos milagrosos. ¡Nunca creyó en esos milagros! Pero si realmente era una enfermedad de la piel, ¿por qué no acudir a un médico especializado en ese tema?

Ante este mar de dudas, llamó a su prima María, médica recién licenciada que preparaba en ese momento el MIR.

Ella le comentó que el único especialista del pelo era el dermatólogo, ya que el pelo es una prolongación de la piel, y lo que afecte a la piel y al cuerpo, afectará al pelo. Y no todas las caídas eran iguales.

Pidió cita a un dermatólogo y allí se fue.

Tipos de caída de cabello

Alopecia es el término médico que define la caída o pérdida del cabello. La alopecia es la ausencia de pelo en una, varias o todas las partes del cuerpo, que puede ser provocada por múltiples causas. Las alopecias en su conjunto representan más del 8 por ciento de las consultas en dermatología. El término *alopecia* fue descrito por el dermatólogo francés Sabouraud (1864-1938) y deriva del griego *alopex* («zorro») porque este animal cambia de pelo dos veces al año. La Real Academia Española define la *alopecia* como: «Caída o pérdida patológica del pelo». Es decir, se trata de una verdadera enfermedad de nuestro cuerpo.

Existen más de veinte tipos diferentes de alopecias. La clasificación dermatológica más habitual las divide en cicatriciales y no cicatriciales. En las cicatriciales nunca más crece pelo, mientras que en las no cicatriciales, puede crecer de nuevo. Pero para hacerlo más fácil, podemos resumirlas en cuatro grandes bloques:

- Alopecia androgenética o hereditaria. Es la forma más frecuente de caída del cabello en el hombre y en algunas mujeres. Tiene una predisposición hereditaria y está determinada por la forma en que los folículos pilosos reaccionan ante las hormonas masculinas o andrógenos. La dihidrotestosterona (DHT) provoca que los folículos fuertes y numerosos disminuyan su actividad, de manera que empiezan a producir un cabello cada vez más escaso y fino, hasta generar únicamente vello. Es la causante de la calvicie común en el varón.

- Alopecia difusa. La alopecia difusa es una pérdida de cabello temporal. Se suele producir por estrés, en el posparto, debido a deficiencias vitamínicas, a carencia de hierro, regímenes de adelgazamiento muy estrictos, medicamentos, fiebres elevadas, etcétera. El cabello presenta un aspecto lacio y disminuye notablemente su densidad. Se recupera cuando se corrige su causa.

- Alopecia areata. Es diferente a las anteriores. En su mecanismo están implicadas las defensas. Está asociada a situaciones de estrés, depresiones y cuadros inmunológicos. Aparecen de repente pequeñas placas sin pelo, redondeadas, conocidas coloquialmente como calvas o peladas. Pueden llegar a la pérdida total del cabello tanto en el cuero cabelludo como en el resto del cuerpo, que es lo que se conoce como alopecia universal.

• Alopecia cicatricial. Es el resultado de una malformación, daño o destrucción de los folículos pilosos, que son sustituidos por tejido cicatricial de manera que ya no se puede volver a producir pelo. Ocurre por una enfermedad de la piel: liquen plano, lupus, tiñas, quemaduras, etcétera.

¡Doctor, me estoy quedando calvo!

Cuando Nacho entró por fin en la consulta del dermatólogo, toda la angustia y el estrés que le estaba produciendo su caída de pelo quedó patente en la frase que dijo nada más sentarse:

—¡Doctor, me estoy quedando calvo! —dijo Nacho a bocajarro.

—No se apure, no es el único al que le pasa eso —le explicó el dermatólogo con una sonrisa.

Se sabe que el 90 por ciento de la población masculina mayor de 21 años presenta caída de cabello en la zona de las entradas, y un 50 por ciento de los hombres mayores de 40 años tiene un despoblamiento parcial o total en la zona de la coronilla. Y cinco de cada diez hombres mayores de

40 años acusan pérdida de cabello en ambos sectores. Pero no sólo afecta a los hombres: sabemos que también afecta a un 30 por ciento de mujeres con edades comprendidas entre los 20 y los 60 años.

—¡Es que mi padre no es calvo! —apuntó Nacho, angustiado.

—Eso es común. Y al revés: no porque un padre sea calvo, lo van a ser sus hijos también. Sólo tienen un 18 por ciento de posibilidades de serlo —añadió el dermatólogo—. ¿Tienes alguna idea de por qué ocurre este tipo de caída?, ¿has leído algo sobre el tema? —le preguntó a Nacho, tratando de tranquilizarlo.

—Pues no, sólo me he dado cuenta de que estoy perdiendo el pelo en la coronilla y ya me estoy viendo como una bola de billar —le replicó Nacho.

—Pues yo te voy a aclarar brevemente todo el proceso.

ALOPECIA ANDROGENÉTICA EN EL VARÓN

La alopecia androgenética, o calvicie de patrón masculino, es un proceso muy fácil de identificar: el pelo del cuero cabelludo va haciéndose cada vez más fino, es decir, se miniaturiza, disminuye el tamaño del bulbo y del tallo del cabello, y termina por convertirse en un cabello sumamente fino y endeble, tipo vello. Esto ocurre por la reducción del número de cabellos en anagen (fase de crecimiento) y un aumento relativo de los folículos en telogen (fase de reposo).

Hasta los 17 o 18 años no hay forma de predecir si un joven se quedará calvo. Incluso posteriormente tampoco, aunque las personas que comienzan a perder el cabello entre los 20 y los 30 años tienen más probabilidades de perder una mayor cantidad que aquellas otras en las que la caída del cabello comienza en edades más avanzadas.

El proceso se pone en marcha después de la pubertad, cuando aumentan los niveles de hormonas masculinas (andrógenos). Para que la calvicie masculina ocurra, el individuo debe estar predispuesto genéticamente, y un hombre puede heredarla tanto de la familia paterna como de la materna.

La responsable última es una hormona masculina, la dihidrotestosterona (DHT) en el cuero cabelludo. La DHT contribuye a acortar la fase de crecimiento del cabello y la reduce, de forma que los nuevos cabellos no alcanzan ni el tamaño ni el grosor de sus predecesores y se hacen casi invisibles. El número de cabellos disminuye, pero la raíz del pelo permanece viva, por lo que en cualquier momento puede reactivarse. Esto es importante, ya que si se actúa a tiempo, se puede detener el proceso o incluso recuperar parte del cabello miniaturizado.

Con la edad, el cabello sigue cayéndose en la parte superior del cuero cabelludo. El grado en que progresa esta caída puede variar notablemente entre distintos individuos. Pero ¡el estrés hace que todo ocurra más rápido!

También ocurre en mujeres

En las mujeres, la mayoría de las caídas de cabello están producidas por anemias, dietas, estrés y ciertas enfermedades sistémicas. Todas tienden a recuperarse bien. Pero también pueden padecer alopecia androgenética. Hasta hace pocos años se pensaba que eso era imposible. Hoy sabemos que esta creencia era falsa. Cada vez observamos un mayor número de casos de este tipo en nuestras consultas, quizá por el ritmo de vida más acelerado que lleva la mujer desde 20 o 30 años atrás. Ya a los 19 o 20 años, el pelo comienza a afinarse. ¡Todas las madres nos dicen que la cola de caballo se les ha quedado muy fina! Pero comienza con los cambios hormonales. Las mujeres también tienen DHT. En general, las mujeres tienden a presentar una reducción difusa de la densidad del cabello en toda la parte superior del cuero cabelludo, pero conservan la línea frontal anterior.

Además del origen genético y de la presencia de DHT (dihidrotestosterona), otros factores pueden causar calvicie en las mujeres. Por ejemplo, la caída de cabello puede deberse a tracción persistente con colas de caballo o moños, y al inicio o finalización de la toma de anticonceptivos orales. La pérdida de estrógenos en la menopausia también hace que se manifieste de forma evidente en la menopausia o posmenopausia.

EL TRICOGRAMA

—Vamos a ver si tu pelo está realmente enfermo —le dice el dermatólogo a Nacho.

Es importante ponerse en manos de un médico dermatólogo para realizar el diagnóstico correcto del tipo de alopecia y proponer el tratamiento recomendado. En el 90 por ciento de los casos, el tipo de alopecia se diagnostica realizando una buena historia clínica y un examen adecuado del cabello. En función de lo anterior, realizamos pruebas complementarias, que pueden incluir una analítica completa para descartar alteraciones metabólicas generales u hormonales.

En la mayoría de los casos se realiza una técnica llamada tricograma. El tricograma es un método de ejecución sencilla, capaz de aportar datos variados sobre el estado de la raíz y el tallo piloso. Permite calcular diversos parámetros, como la fase en la que se encuentran los bulbos, anomalías morfológicas del tallo y el calibre de éste. Proporciona datos útiles sobre los trastornos que condicionan la caída del cabello y la posible eficacia o ineficacia del tratamiento previsto. Y además, puede utilizarse como examen auxiliar para seguir la evolución de una alopecia.

Consiste en extraer unos cuantos cabellos de la zona fronto-parietal, temporal y del vértex (coronilla). Después, los cabellos se colocan sobre un portaobjetos y posteriormente se visualiza cada uno de ellos en el microscopio óptico para clasificarlos según sus diferentes fases de crecimiento (anagen, catagen o telogen). Un individuo sano presenta una distribución del 85 por ciento de cabellos en fase anagen, del 1 al 2 por ciento en fase catagen, y del 13 por ciento al 14 por ciento en fase telogen, aunque existen variaciones en cada zona. Para mejorar el rendimiento del examen, la persona no debe lavarse el pelo durante tres días, ni peinarse en exceso, como tampoco aplicar lacas o geles.

Desde hace pocos años se está utilizando el fototricograma, que es igual que el anterior pero mediante un videomicroscopio y un posterior análisis digitalizado del cabello. El área estudiada vuelve a ser examinada a las 48 horas para someterla al examen de un *software* que determina el grado de crecimiento, la densidad de unidades foliculares y la densidad de pelos por centímetro cuadrado. Todo ello nos dará una idea del grado de severidad y de cómo responderá al tratamiento.

—Pues un amigo fue a un centro capilar —le contó Nacho—, y con unas pinzas de depilar las cejas le arrancaron unos cuatro o cinco pelos de diversas partes de la cabeza y los ampliaron en un proyector para verlos. La persona que lo realizó no era médico, sino un comercial. Y le dijo que el tratamiento completo costaba de 2.000 a 3.000 euros.

—¡Seguro que le dijo que tenía el poro taponado por la grasa y por eso se estaba quedando calvo! —le comentó al instante el dermatólogo—. Es muy habitual que personas desesperadas vayan a centros donde no existe personal médico cualificado. Por favor, dile a tu amigo que siempre pregunte por el único especialista del pelo: el dermatólogo. E incluso algunos dermatólogos se han superespecializado como tricólogos.

Tratamiento de la alopecia

—Hablemos ahora de qué vamos a hacer con tu alopecia androgenética —prosiguió el dermatólogo explicándole a Nacho—. Si tú ibas a un médico hace sólo 20 años y le decías que acudías para prevenir la calvicie, la respuesta era que no había nada realmente efectivo en ese momento. El problema genético no se podía corregir (todavía hoy no es factible, aunque es posible que lo sea en el futuro), y el hormonal, tampoco, ya que no sólo habría que quitar los andrógenos del cuero cabelludo, sino también de todo el cuerpo. Hoy el panorama ha cambiado drásticamente, ya que si bien entonces lo normal era quedarse calvo, hoy lo normal es evitar que se quede calvo. ¡Ha sido un cambio radical! Vamos a comentar qué hay bueno.

Tratamientos de eficacia no comprobada

En algunos anuncios se habla de tratamientos milagrosos para la caída del pelo. No te dejes engañar: no aportan suficiente evidencia de que sirvan para algo. Es importante tener en cuenta que muchas veces la caída del cabello se detiene sin necesidad de utilizar ningún fármaco. Por eso muchos «tratamientos milagro» parecen funcionar. En un estudio muy serio reciente se observó que en 28 de cada 100 personas la caída del cabello se detuvo sin ningún fármaco.

Igualmente, ten cuidado con productos de los que desconozcas la composición exacta. El champú no tiene suficiente tiempo de aplicación como para atribuirle efectos sobre la caída: sólo limpia el pelo, pero no lo cura. El calor y ciertas medidas que se argumentan para aumentar la circulación a nivel capilar no tienen efecto comprobado. Igual que ciertos complejos vitamínicos. Nunca se ha demostrado que la alopecia androgenética esté producida por carencia de vitaminas. El láser tampoco tiene efecto alguno comprobado.

Tratamientos de eficacia moderada

Lo único efectivo de algunos tratamientos capilares que se expenden en centros no especializados es el masaje con el que hay que aplicarlos. El masaje activa moderadamente el crecimiento del pelo. Por ejemplo, se ha observado que personas que tienen fricción continua en los hombros (como los cargadores de muelles), desarrollan más vello en esa zona. Igualmente, la eficacia de los aminoácidos también es moderada. La cistina y la metionina son aminoácidos necesarios para formar queratina, la proteína del pelo. Es correcto tomarlos cuando se requiere potenciar su crecimiento. Pero cuando se administran por un tiempo excesivamente prolongado, por ejemplo, más de tres o cuatro meses, el organismo no tiene capacidad para absorberlos, ya que se han sobrepasado las necesidades diarias. Es decir, si abusamos de ellos, los eliminamos en las heces tal cual se han tomado.

En las alopecias femeninas en las que existen carencias por dietas muy restrictivas para adelgazar, por un sangrado excesivo en la menstruación o bien por anemias por falta de hierro, es muy útil corregirlas mediante aminoácidos, vitaminas A y B y hierro. Después de cuatro o seis meses, el beneficio es evidente.

Tratamientos de eficacia comprobada

Sólo existen tres tratamientos que han demostrado hasta la fecha un efecto anticaída en la alopecia androgenética: el minoxidil al 5 por ciento, el finasteride oral y los trasplantes de cabello.

Minoxidil tópico al 5 por ciento

En los años ochenta, se descubrió que los pacientes con hipertensión que tomaban minoxidil oral experimentaban un crecimiento acentuado del cabello del cuero cabelludo. A raíz de esto, comenzaron a hacerse estudios con minoxidil al 2 por ciento aplicándolo directamente sobre las zonas afectadas, y los resultados fueron muy buenos, ya que el 40 por ciento del pelo se encontraba en fase anagénica, es decir, de crecimiento. Su concentración se ha ido incrementando con el paso de los años hasta llegar al 5 por ciento, lo que ha conseguido poner al 60 por ciento del pelo en fase anagénica.

Hasta hace poco tiempo, se creía que el minoxidil, un potente vasodilatador, estimulaba el flujo sanguíneo, y de esta forma hacía crecer el cabello. Más tarde se hicieron pruebas con otros vasodilatadores, y los resultados fueron nulos. Por eso, no es la acción vasodilatadora la que hace crecer el cabello. Todavía se desconoce el mecanismo exacto de acción del minoxidil, pero hoy día se supone que actúa estimulando la apertura de canales de potasio, lo que impide que el calcio —que envía la señal a los folículos para que detengan el crecimiento— ingrese directamente a las células. Quizá sean ambos factores los que hacen crecer el cabello.

Los resultados del minoxidil son evidentes, pero no mágicos. Hay que esperar unos cuatro meses para comprobarlos, y ser muy constante. A los diez o doce meses se obtienen los máximos resultados que el minoxidil puede aportar al crecimiento del cabello. Después de los 24 meses, si llegara a bajar la efectividad, se recomienda hacer un descanso de uno a tres meses para luego retomarlo. Si se deja de aplicar, deja de hacer efecto, ya que es un estimulante del crecimiento que sólo actúa cuando se usa.

Tiene pocos efectos secundarios, pero puede aparecer aumento del vello de la cara, descamación, dermatitis de contacto y alteraciones de la tensión arterial. En caso de presentarse, lo prudente es dejar de aplicarlo.

Finasteride 1 mg oral

En 1994, igual que sucedió con el minoxidil, se observó que los pacientes prostáticos que tomaban finasteride 5 mg por vía oral mejoraban notablemente el pelo del cuero cabelludo. Comenzaron a experimentar en personas jóvenes, utilizando 1 miligramo en vez de 5, y los resultados fueron excelentes.

> Es el primer fármaco por vía oral que ha demostrado clínicamente detener la caída del cabello y promover el crecimiento en zonas donde existiera cabello miniaturizado.

Fue aprobado por la FDA. Mientras que el minoxidil mejora un máximo del 60 por ciento de cabello, el finasteride oral llega al 83 por ciento, cifra más que aceptable. El dutasteride, un derivado moderno del anterior, es más activo, y actúa en un porcentaje superior al 90 por ciento sobre el cabello en anagen, pero está pendiente de aprobación por la FDA.

La causa de la calvicie masculina radica en la sensibilidad de los folículos hacia la dihidrotestosterona (DHT). La enzima 5-alfa-reductasa convierte la hormona testosterona en dihidrotestosterona; este metabolito daña el cabello y lo miniaturiza hasta convertirlo en vello. El finasteride actúa sobre la raíz del problema, ya que inhibe la producción de la enzima 5-alfa-reductasa (tipo II) y hace que parte de la testosterona no pueda transformarse en dihidrotestosterona. Se necesitan aproximadamente de cuatro o seis meses de tratamiento para comenzar a ver resultados. Si se suspende el tratamiento, el pelo del cuero cabelludo volverá al estado original al cabo de 10 o 12 meses.

El finasteride suele ser muy bien tolerado, desde los 18 a los 40 años. Con una frecuencia baja se han encontrado efectos secundarios, como disminución de la libido en el 1,8 por ciento (1,3 por ciento de los que utilizaron el placebo), disfunción de la erección en el 1,3 por ciento (0,7 por ciento con placebo) y disminución del volumen de la eyaculación en el 0,8 por ciento (0,4 por ciento con placebo). Incluso en algunos estudios se ha visto que todo lo anterior es más frecuentemente producido por el estrés que por el finasteride, y puede confundir. Los efectos adversos desaparecieron tanto en los hombres que suspendieron el tratamiento como en muchos que continuaron.

Se aconseja tomarlo de forma continuada durante dos o tres años, y después pasar a 0,5 o 0,25 miligramos para mantenimiento, con periodos de descanso. No es un medicamento de por vida, ya que llegado un momento óptimo, puede dejarse de tomar.

Trasplante de cabello

En los pacientes que tienen una calvicie muy amplia, donde realmente ya no existe más que vello, lo único efectivo es el trasplante capilar.

Igual que existen muchas personas que consideran que no vale la pena una intervención quirúrgica con el único fin de recuperar el cabello, para otras es la solución idónea, ya que la calvicie les supone una merma en su vida diaria, en su trabajo y hasta con su familia. Recomendamos este tipo de tratamiento para aquellos que «llevan mal» lo de ser calvos, ya que hoy los trasplantes capilares no son como hace años, que quedaban como «pelos de muñecas» o en «macetitas». Los actuales no hay quien los adivine. Mire la tele y sepa que muchos de los que usted envidia su pelo ¡resulta que están trasplantados!

Basta fijarse en la cabeza de un calvo «de verdad» para observar que mientras el pelo de la zona superior se ha perdido por completo, en las zonas laterales por encima de las orejas y en la nuca está muy fuerte. Esto ha ocurrido así por no tener esos cabellos receptores idóneos para transformar la testosterona en dihidrotestosterona, que es la responsable de la caída. Pues bien, ¿por qué no tomar ese pelo, que no es dañado nunca por la testosterona y trasplantarlo a la zona calva? Eso fue lo que se hizo, con gran éxito, ya que ese pelo trasplantado nunca más se cae.

La técnica recibe múltiples nombres: implantes capilares, trasplante capilar, trasplante de pelo, trasplante de cabello, injertos capilares, microinjerto capilar o implante de pelo. Los cabellos humanos no crecen uno por uno, sino por grupos de hasta cuatro cabellos por el mismo poro folicular. Estos grupos se llaman «unidades foliculares». El trasplante de unidades foliculares es una técnica que consiste en extraer las unidades de una zona (donante, normalmente la nuca) y colocarlas en otra (zona receptora, la zona calva). De la zona de la nuca se extrae una tira de cuero cabelludo, lo que deja una herida que el cirujano debe suturar. Simultáneamente, los ayudantes extraen (con ayuda del microscopio) cada una de las unidades foliculares que serán implantadas. Si bien explicarlo es fácil, hacerlo requiere verdadera habilidad y paciencia por parte del cirujano y del equipo, es una tarea muy laboriosa. La intervención dura tres o cuatro horas, dependiendo del total de cabellos que se trasplanten, que puede oscilar entre 1.500 y 4.000 folículos. No existe posibilidad de rechazo, ya que al ser un injerto de la propia persona, no hay elemento o tejido extraño que se incorpore al organismo. Otras técnicas como colgajos y reducciones de alopecia (reducciones capilares) pueden quedar verdaderamente visibles y antinaturales.

Resultados de los tratamientos para la alopecia

Nacho llevaba dos años con el tratamiento que le prescribió su dermatólogo, basado en el minoxidil al 5 por ciento tópico y finasteride 1 mg oral, y estaba exultante de alegría. Su problema había ido desapareciendo poco a poco. Su coronilla estaba bastante más poblada que al principio. Sus amigos le decían que tenía más pelo, y él se sentía cada día más seguro.

Cada seis meses había acudido a su doctor, y éste le había realizado fotografías de control, fototricogramas y alguna vez analítica general para comprobar la evolución. Y viendo lo anterior, le iba retocando el tratamiento a la vista de los resultados obtenidos. Por supuesto, de efectos secundarios, ninguno.

Tan contento estaba que no paraba de asegurar a sus amigos que la caída de pelo hoy se puede detener. ¡Él lo había comprobado!

CAPÍTULO VIII

Cosméticos y antienvejecimiento

Manuela estaba decidida a mejorar su aspecto. Siempre había mantenido que la piel de una persona dependía sólo de la herencia, y apoyándose en esta falsa afirmación, nunca había echado mano de más cosméticos que los polvos de maquillaje. Pero ahora era diferente. Se encontraba en un momento de su vida en el que todo estaba cambiando. El haber cumplido pocos días antes los 40 le hacía ver de repente todo desde una perspectiva diferente. Ella, que se consideraba una mujer agraciada por la naturaleza, se daba cuenta ahora de que empezaba a ser «invisible» y ya no producía la misma reacción en los hombres que antes.

Lo peor fue cuando un día, paseando con su hermana Cinta, nueve años menor que ella, le dijeron que si era su hija. ¡Ese día todo se hundió!

Presa de una obsesión por recuperar la juventud perdida, habló del tema con una amiga de su edad y que parecía tener diez años menos que ella. Ésta le comentó que el secreto era fácil: cuidarse la piel de la cara y del cuerpo a diario. Su receta eran cosméticos, dieta, ejercicio y evitar el sol. Pero en voz baja también le añadió: ¡y una ayudita de la ciencia y de los dermatólogos!

Como los efectos de todo lo anterior estaban a la vista, Manuela se puso manos a la obra. Primero, visitar a una esteticista. Luego, al dermatólogo. Y si hacía falta, pensó, al cirujano plástico.

¿CUÁL ES MI TIPO DE PIEL?

—¿Sabes cuál es tu tipo de piel? —fue la primera pregunta que le hizo la esteticista a Manuela.

—No, siempre he oído hablar de eso a mis amigas pero nunca le he prestado atención —le respondió Manuela.

—Pues debemos empezar por ahí. En términos fáciles de entender, el tipo de piel es la descripción y la interpretación de cómo es tu piel, cómo la sientes y cómo se comporta —le empezó a explicar la esteticista.

En el mundo de la belleza, las cuatro categorías más comunes del tipo de piel que utiliza la industria de los productos cosméticos son:

- Normal. Sin señales aparentes de zonas grasosas o secas.
- Grasa. Se nota brillo en toda la piel, sin ninguna zona seca.
- Seca. Puede verse escamosa, sin zonas grasosas, y la piel se siente rígida.
- Mixta. Combina grasa, sobre todo en la parte central de la cara, con otras zonas secas o normales en otras áreas.

Esta división es un buen punto de partida para entender cómo es tu tipo de piel. Y es muy importante porque diferentes tipos de piel requieren diferentes formulaciones de cosméticos. Aunque muchos tipos de piel por lo general necesitan los mismos ingredientes activos, como agentes filtros solares, antioxidantes, ingredientes mensajeros, entre otros, la base en la que se presentan (loción, crema, gel, suero o líquido) debe corresponderse con las necesidades de tu piel. El tipo de piel es el factor más importante que influye en las decisiones que tomamos acerca de la clase de rutina que requiere su cuidado y los productos que compramos. Así, podrás acudir a cualquier centro comercial y al menos nunca comprarás cosméticos poco adecuados.

Casi todas las personas, en algún momento, presentan un tipo de piel mixta. Fisiológicamente, la nariz, la barbilla, el centro de la frente y el centro de la mejilla tienen más glándulas grasas que otras partes del rostro. No sorprende que esas áreas tiendan a ser más grasosas y a padecer más brotes de acné que cualquier otra zona. Los problemas ocurren cuando ingredientes que son apropiados para la zona T (la que va del centro de la frente hacia la nariz, donde se localizan la mayoría de las glándulas grasas de la cara) no son recomendables para las mejillas, los ojos o la mandíbula, mucho más secas.

¿El tipo de piel es estático?

—¿Y ya sé para siempre cómo es mi piel? —le preguntó interesada Manuela.

—No, el tipo de piel nunca es algo estático —le aclaró la esteticista—. Las variaciones en la piel pueden ocurrir no solamente de una estación del año a otra, sino además de mes a mes, e incluso de semana en semana. A esa complejidad hay que añadir la alta probabilidad de que existan afecciones de la piel tales como rosácea, eccema, acné, manchas y daño causado por el sol. Cuatro o seis categorías de tipos de piel no abarcan todo eso. Las categorías típicas de normal, grasa, seca y combinada constituyen una buena base pero no toman en cuenta cada aspecto.

Además, cambian y fluctúan con factores muy distintos, unos de tipo interno, como los cambios hormonales (embarazo, menopausia, ciclo menstrual, etcétera), problemas de salud/afecciones de la piel (rosácea, psoriasis, afecciones de la tiroides, etcétera), predisposición genética del tipo de piel (grasa/seca, proclive a brote de acné, piel sensible), tabaco, medicamentos que uno esté tomando y hábitos alimenticios; y de tipo externo, como el clima/condiciones del tiempo (frío, cálido, húmedo, seco), rutina del cuidado de la piel (demasiada humectación o exfoliación, usar productos irritantes, que resecan o equivocados para el tipo de piel de cada uno), exposición prolongada o sin protección al sol. Todas estas complejas circunstancias —y en algunas ocasiones la superposición de las mismas— contribuyen a lo que ocurre sobre y dentro de tu piel, lo cual entonces determina el tipo de piel que tienes.

¿Puedo conseguir una piel normal?

—Llevo 20 años de retraso, sin cuidarme la piel. ¿Puedo conseguir una piel normal? —le preguntó Manuela a la esteticista.

—Eso depende de lo que definas como «normal». En cuanto a la industria de productos cosméticos, cada mujer puede y debe tener una piel normal. Sin embargo, igual que el resto del cuerpo, la piel de la cara se halla en un estado constante de cambio.

Cada mujer con un cutis aparentemente perfecto pasa a través de fases, o sea, de tener una piel grasa, seca o con tendencia al acné, y luego están todos esos factores relacionados con el daño causado por el sol o simplemente con el hecho de envejecer.

En realidad, con independencia de lo que se haga, nadie tiene posibilidades de poseer una piel normal durante mucho tiempo. Perseguir a toda costa una piel normal te puede llevar a la compra compulsiva de productos de todo tipo. De hecho, es fácil caer en un círculo vicioso de probarlo todo para luego darse cuenta de que, a la larga, nada funciona y de que algunos productos hasta empeoran las cosas.

En cualquier caso, identificar tu tipo de piel es muy subjetivo. Muchas mujeres tienen una piel maravillosa pero rehúsan aceptarlo. El granito más pequeño, la arruga más insignificante y la más pequeña zona de piel seca las desesperan. Algunas mujeres ven un pliegue o dos alrededor de los ojos e inmediatamente compran las cremas antiarrugas más caras que puedan encontrar, con la esperanza de evitar su peor pesadilla. Éste es uno de esos momentos en que ser realista es la parte más importante de la rutina en el cuidado de la piel.

El tipo de piel no tiene nada que ver con tu edad

La piel más vieja es diferente de la piel más joven; eso resulta indiscutible. Sin embargo, es un error comprar productos para el cuidado de la piel basándose simplemente en la edad. Tratar la piel del adolescente o la de la mujer en su periodo de la menopausia con productos supuestamente dirigidos a escalas específicas de edad, carece de sentido, porque no todo el mundo con piel «más joven» o «más vieja» tiene las mismas necesidades; sin embargo, es una trampa en la que caen muchas mujeres, sobre todo las «maduras». Una persona que esté viviendo la premenopausia puede tener acné, dermatitis, rosácea, piel sensible o piel grasa, mientras que una mujer más joven puede sufrir piel seca, con manchas o visiblemente dañada por el sol. La clave con el tipo de piel debe ser la condición verdadera en la que la piel se encuentre, no la edad.

De hecho, a pesar de la edad, todos los tipos de piel, joven o vieja, necesitan protección solar, muchos antioxidantes, ingredientes que imiten la estructura de la piel e ingredientes mensajeros. Estos tipos de componentes son de suma importancia para el cuidado de la piel, y la edad no cambia o altera eso de ninguna manera.

Aunque las arrugas pueden tender a diferenciar una piel vieja de una joven, tu piel puede seguir siendo grasa a los 50 años y hasta puede seguir sufriendo brotes de acné. No todos los que están en los 40, los 50, los 60 o los 70 necesitan los mismos cuidados.

Los cosméticos

—¿Y qué cosméticos puedo usar? —le preguntó Manuela a su esteticista.

—Los adecuados para tu tipo de piel, como ya te he comentado. Hoy existen miles de preparados cosméticos. Se trata de algo en lo que la humanidad gasta más que en cualquier otra cosa, incluido el armamento. Te lo explico todo a continuación y verás qué mundo más fascinante —le dijo la esteticista.

Qué es un cosmético

La palabra *cosmético* procede del griego *kosmetés*, que significa «que adorna, hábil en la decoración». En términos generales, se aplica a todas las preparaciones y elementos de uso externo para acondicionar y embellecer el cuerpo, limpiando, coloreando, suavizando o protegiendo la piel, el pelo, las uñas o los labios.

Dada la predilección de los romanos por los productos de belleza, durante largo tiempo los etimologistas creyeron que la palabra *cosmético* procedía del nombre del más famoso comerciante de productos de maquillaje en el Imperio romano, contemporáneo de Julio César: Cosmis. Sin embargo, en fechas más recientes se ha llegado a la conclusión de que el vocablo deriva, según decíamos, del griego.

La perfumería suele excluirse del campo de los cosméticos, pero ha ido muy ligada a ellos a lo largo de la historia, a veces imbricándose ambos. El término *perfume* procede del latín *per fumo*, es decir, «por el humo». Y se fueron superando los experimentos para perfeccionar el producto, pues tenía un significado de adoración y reverencia y, con el paso del tiempo, de súplica y seducción.

La cosmética no es invento actual

El uso de cosméticos es universal, y data de la más remota Antigüedad. A pesar de la creencia general de que los cosméticos, como ahora se conocen, proceden del lejano Oriente, el estudio de las culturas primitivas nos muestra su empleo en todas las partes del mundo. Las pinturas de tipo simbólico o mágico de las civilizaciones indígenas, los tatuajes y las escarificaciones (incisiones superficiales en la piel) practicados por muchos pueblos (por ejemplo, los maoríes de Nueva Zelanda y numerosas culturas africanas), y el uso de tinturas para decorar el cuerpo, son todas formas de cosmética empleadas tanto para la intimidación psicológica del enemigo como para servir de adorno.

En el antiguo Egipto, ya 4.000 años antes de Cristo, proliferaban los salones de belleza y las fábricas de perfumes, y el arte del maquillaje había alcanzado un notable perfeccionamiento y difusión. Hombres y mujeres egipcias usaron aceites perfumados para mantener su piel suave y para aminorar el efecto del clima seco de su región.

Sabemos que el color favorito para el sombreado de los ojos era el verde, que el tono preferido de los labios era el negro azulado, aunque se aceptaba el bermellón, y que las egipcias elegantes se teñían los dedos de las manos y de los pies con alheña, para conseguir una coloración anaranjada rojiza. En aquellos tiempos, en que los pechos quedaban al descubierto, las mujeres acentuaban con una tonalidad azul las venas de sus senos y daban un toque dorado a sus pezones. Los varones egipcios no eran menos vanidosos, tanto en la muerte como en la vida. Atiborraban sus tumbas con una copiosa provisión de cosméticos para la vida del más allá y, cuando en los años veinte se abrió la tumba del rey Tutankamón, que gobernó hacia 1350 a.C., se descubrieron varias jarritas de cremas para la piel, color para los labios y colorete para las mejillas, productos que todavía eran utilizables y que conservaban sus respectivas fragancias.

De hecho, durante los siglos anteriores a la era cristiana, toda cultura se adornó suntuosamente con perfumes, pinturas y polvos, con una sola excepción: la de los griegos. A diferencia de los romanos, que asimilaron y practicaron la tecnología cosmética egipcia, los griegos eran partidarios de la naturalidad en el aspecto. Desde las invasiones de los dorios en el siglo XII hasta el año 700 a.C., los griegos poco tiempo tuvieron para entregarse a los placeres narcisistas del adorno personal. Y cuando su sociedad se consolidó y prosperó durante la gran época del siglo V a.C., estuvo dominada por un ideal de virilidad y de tosquedad natural. Prevalecían las actividades eruditas y atléticas. Las mujeres poco contaban, y el varón, sin adornos ni prendas de ninguna clase, era la criatura perfecta.

Durante esta época, el comercio de los cosméticos, heredado de los egipcios, se conservó en Grecia gracias a las cortesanas. Éstas, que eran las amantes de los ricos, se pintaban la cara, lucían complicados peinados y se perfumaban el cuerpo. También aromatizaban el aliento con líquidos o aceites balsámicos que removían en la boca con la lengua. Estos aromatizantes, tal vez los primeros de la historia para ese uso, no eran ingeridos, sino que se escupían discretamente en el momento oportuno.

Parece probable que los judíos adoptaran la utilización de los cosméticos de los egipcios, ya que el Antiguo Testamento hace referencia a las pinturas para la cara. En contraste con los griegos, los hombres y mujeres de Roma se excedían a menudo en el uso de cosméticos. Los soldados regresaban de sus misiones en Oriente cargados de perfumes indios, cosméticos y una preparación para teñir el pelo de rubio compuesta de harina amarilla, polen y fino polvillo de oro. Existen pruebas, además, de que las romanas elegantes disponían en sus tocadores de todos los productos de belleza que se encuentran hoy en día.

Marcial, el epigramista del siglo I, criticaba a una dama amiga, llamada Galla, por alterar de pies a cabeza toda su apariencia: «Mientras te quedas en casa, Galla, tus cabellos se encuentran en casa del peluquero; te quitas los dientes por la noche y duermes rodeada por un centenar de cajas de cosméticos... Ni siquiera tu cara duerme contigo. Después, guiñas el ojo a los hombres bajo una ceja que aquella misma mañana has sacado de un cajón».

En Japón, las *geishas* usaban lápices labiales hechos a partir de pétalos aplastados de cártamo para pintarse las cejas y las comisuras de los ojos al igual que los labios. También usaron como base de maquillaje barras de cera *bintsuke*, una versión más suave de la cera depilatoria de los luchadores de sumo. Pasta blanca y polvos coloreaban el rostro y la espalda; el ojo se delineaba con carmín, que también definía la nariz. Los dientes se coloreaban con pintura negra para la ceremonia cuando las *maiko* (aprendices de *geishas)* se graduaban y se volvían independientes.

Durante los 20 siglos de historia restantes, han existido periodos de mucho uso y otros de detrimento. A veces se les ha prohibido a las mujeres su uso por razones morales o religiosas. En Europa se generalizó en la Edad Media cuando los cruzados observaron el uso de los cosméticos en el Oriente Próximo, y fueron ellos quienes lo propagaron en sus regiones. El resurgimiento de los cosméticos tuvo lugar el siglo XVIII, cuando en Francia e Inglaterra aparece la moda del colorete extendido sobre polvos faciales blancos. En el año 1792, la revista británica *Gentlemen's Magazine* comentaba que las mujeres, con sus cabellos totalmente blancos y sus caras de un rojo violento, parecían ovejas desolladas.

A fines del siglo XIX, el colorete, los polvos faciales y el lápiz de labios, elementos que durante seis mil años habían sido disfrutados por hombres y mujeres, habían desaparecido casi del todo en Europa. Los cosméticos utilizados por las actrices de teatro eran de elaboración casera, como lo habían sido durante siglos. Sin embargo, a finales de esta misma centuria se registró un renacimiento total en el uso de los cosméticos, especialmente activado por las francesas.

Pero también se empezaron a ver efectos secundarios producidos por cosméticos. El colorete para las mejillas en Grecia contenía grandes cantidades de plomo. Un popular depilador griego y romano, el oropimente, utilizado por hombres y mujeres para eliminar el vello indeseable, era un compuesto arsenical. Los coloretes en la Edad Media, sulfuro rojo de mercurio. Y lo peor: una vez en el torrente sanguíneo, el plomo, el arsénico y el mercurio resultaban particularmente nocivos por su capacidad para producir cáncer, así como dañinos para el feto, en caso de estar la mujer embarazada.

Aunque en el siglo XIX la reina Victoria declaró el maquillaje públicamente descortés y algo vulgar que sólo usaban los actores y las prostitutas, el uso de los cosméticos se generalizó de forma explosiva en el siglo XX.

El resultado fue el nacimiento de la moderna industria de los cosméticos, caracterizada por el fenómeno sin precedentes de la venta comercial de productos de marca, y los químicos acudían en ayuda de los cosmetólogos y de las mujeres con los primeros productos de belleza inofensivos, fijando su atención también en el sexo masculino.

Éste sigue utilizando polvos, colonias, lociones (especialmente las que contienen alcohol para su aplicación después del afeitado), tónicos para el cabello, con una base de quinina o de alcohol y desodorantes.

Los cosméticos actuales son inocuos y utilizan como materias primas para lograr las esencias los animales (el almizcle, la algalia, el ámbar gris y el castóreo) y los vegetales (las hojas de salvia, tomillo y menta; la corteza de la canela, la cáscara de naranja, la madera de cedro y de sándalo; las raíces de lirio; los pétalos de rosas, jazmín, violetas y otras flores, y las gomas resinosas segregadas por el alcanfor y la mirra). Las ventas anuales de productos de belleza para hombres y mujeres hacen que esta industria tenga hoy un importante desarrollo y que sea muy rentable.

¿El uso de cosméticos es bueno para la piel?

La respuesta es categórica: no sólo son buenos, sino que son indispensables por cuatro razones fundamentales:

1. Restituyen el manto lipídico.
2. Impiden que se pierda una cantidad excesiva de agua a través de la piel.
3. Aportan principios activos para la regeneración de las células de la epidermis.
4. Protegen de las agresiones externas (humedad, sequedad, viento, sol...).

Sin embargo, un error en el proceso de selección puede resultar fatal. Por ejemplo, si una crema hidratante para la piel grasa es utilizada por alguien con piel seca, puede causarle erupciones y escozor, pues contiene principios activos cuya función es astringente y secante.

Esto es muy evidente: toda persona que haga una higiene y cosmética adecuadas para su piel prolongadamente, siempre tendrá una piel mejor y más joven que la que no lo haga.

A mayor costo, ¿mayor beneficio?

No es válido decir que los productos más costosos son los mejores para la piel.

Hoy no es necesario gastar una gran cantidad de dinero para cuidar correctamente la piel, a cualquier edad. Sin embargo, las casas de belleza más famosas y tradicionales —que generalmente manejan precios elevados— ofrecen productos de muy buena calidad, puesto que más que ser fábricas de producción son constantes centros de investigación sobre la piel. Y esto también hay que pagarlo. Estas mismas firmas entendieron que hay que cuidar tanto la piel enferma como la piel sana. Como dice muy certeramente un laboratorio dermocosmético, «la salud también está en la piel».

La búsqueda de una esteticista y un dermatólogo debe ser el punto de partida para la decisión de cómo cuidarse. Conocer las características físicas de la piel y relacionarlas con las tendencias de moda es posible siempre y cuando haya personas expertas dando sus consejos sobre el uso de los cosméticos. ¡La automedicación puede hacernos perder el tiempo y... el dinero!

Cosméticos biológicos

Está de moda lo ecológico, lo natural. Los cosméticos biológicos son compuestos idóneos para la piel delicada y sensible. Sus características son:
- No usan conservantes sintéticos, como los parabenos, causa de muchas alergias.
- Son más puros y respetan la integridad de la piel.

- No se experimenta con animales, ni en el producto terminado ni en los ingredientes.
- Embalaje 100 por ciento reciclado.
- No tienen derivados petroquímicos.
- No cuentan con conservadores sintéticos.
- No incluyen activos químicos que alteren la naturaleza del producto.
- Sin silicona.
- Son productos con certificados ecológicos y biológicos.

LOS COSMECÉUTICOS

Con la lección bien aprendida de todo lo que le había aclarado su esteticista, Manuela quiso completarla con la opinión del especialista de la piel: su dermatólogo. Nunca habría pensado que el mismo médico que había atendido a sus hijos de pequeños por brotes de dermatitis atópica fuese ahora el que tenía que quitarle años a la piel de su cara.

—Quiero corregir el aspecto envejecido de mi piel y rejuvenecerlo todo lo que se pueda —le pidió Manuela de entrada al dermatólogo.

—Muy bien, hoy tenemos armas muy poderosas. Desde los cosmecéuticos al láser de última generación.

—Pero me los debes explicar bien, que nunca he prestado atención al cuidado de mi cara —le aclaró Manuela.

—Correcto, iremos despacio. Siendo importantes los cosméticos, nuestra función no es adornar la piel, sino cuidarla y curarla. Por eso han surgido otro tipo de cosméticos, llamados «cosmecéuticos».

El término *cosmecéutico* fue creado hace unos treinta años en Estados Unidos por el dermatólogo Albert M. Kligman, profesor del departamento de Dermatología de la Universidad de Pensilvania, Filadelfia. Se trata de un acrónimo formado por las palabras *cosmético* y *farmacéutico*, y define a una nueva categoría de productos de uso dermatológico, intermedia entre los cosméticos y los medicamentos. Aunque se han tratado de utilizar otros términos sinónimos, como «productos dermacéuticos», «dermofarmacéuticos», «cosméticos funcionales», «cosméticos activos», etcétera, ha sido *cosmecéutico* el que ha prevalecido.

> Por tanto, la diferencia entre un cosmético y un cosmecéutico es que el cosmético tiene como fin exclusivo o principal adornar, mientras que los cosmecéuticos ejercen ciertas acciones sobre las funciones de la piel pero sin llegar a ser medicamentos de uso tópico.

Los cosmecéuticos han ido adquiriendo, poco a poco, carta de naturaleza dentro de la dermatología, no sólo por su necesidad, sino también por los avances del conocimiento de la fisiología de la piel y sus mecanismos. Asimismo, otra de las causas de esta creciente aceptación es la continua aparición de nuevos y numerosos productos y materiales que pueden afectar a las funciones de la piel sana, e incluso enferma, de una forma conveniente y beneficiosa para su salud y aspecto estético.

El consumo de cosmecéuticos está en auge, debido a la gran demanda de la población por los problemas estéticos, como los «productos antiedad», verdaderos cosmecéuticos que incorporan ingredientes biológicamente activos que actúan en la epidermis y en la dermis, donde están ubicados los mecanismos reparadores de la piel.

Los cosmecéuticos penetran en la piel

El estrato córneo es la barrera más importante para impedir la entrada dentro del organismo de agentes xenobióticos perjudiciales y microorganismos, útil también para evitar la pérdida de agua del cuerpo humano. Su estructura y renovación diaria mantienen el efecto barrera toda la vida. Los cosméticos quedan en la capa córnea, asentados de forma inerte sobre ella. Pero algunos van más allá y penetran hasta la dermis, estimulando la formación de colágeno y glucosaminoglicanos, que se pierden con el envejecimiento.

Gracias a esta penetración, los cosmecéuticos encuentran múltiples aplicaciones dermatológicas para combatir los signos del envejecimiento cutáneo, arrugas y líneas de expresión, manchas y lesiones del fotoenvejecimiento. La llamada «cosmética de tratamiento», en la práctica, está constituida por productos cosméticos que responden al concepto de cosmecéuticos.

Principios activos de los cosmecéuticos

Existe una larga lista de sustancias que, por sus acciones conocidas y beneficiosas sobre la piel, pueden considerarse como cosmecéuticos. Sin embargo, al no existir legislación al respecto, estos mismos ingredientes que se emplean en la fabricación de cosmecéuticos se utilizan también como componentes de cosméticos y, en algún caso, de medicamentos. Entre los ingredientes más conocidos están:

- La vitamina A o sus derivados, como el retinol.
- La C, E, nicotinamida o vitamina PP.
- Los alfa y beta hidroxiácidos: ácido glicólico, láctico, málico, pirúvico, salicílico, etcétera.
- Los extractos botánicos de plantas verdaderamente cosmecéuticas, como centella asiática, té verde, *Ginkgo biloba*, aloe vera, extracto de semillas de uva, etcétera.
- La hidroquinona, ácido kójico y fítico, como agentes despigmentantes de la piel.
- Ingredientes nuevos: péptidos miméticos o matriquininas, factores de crecimiento y el gran grupo de los antioxidantes.

PROBLEMAS DERMATOLÓGICOS
DE LOS COSMÉTICOS Y DE LOS COSMECÉUTICOS

Conseguir un buen cosmético no es fácil. Necesita una alta tecnología. Por eso, los cosméticos contienen una química importante. Basta con mirar

APRENDE A CONOCER TU PIEL

sus componentes en el envase para comprobarlo. Todos tienen sustancias patentadas (no sabemos realmente su formulación química), perfumes, conservantes, colorantes, espesantes y excipientes.

A veces, estas sustancias pueden producir una alergia de contacto. Estas reacciones no les ocurren a todos los que los usan, sólo a los que presentan una sensibilización previa. Pero cuando aparecen, ya nunca más se puede usar ese compuesto porque volverá a repetirse inexorablemente.

Cuando aparecen estas reacciones de contacto, lo mejor es acudir al dermatólogo, ya que éste puede sospechar por qué han ocurrido y además realizarnos pruebas alérgicas de contacto, con lo que sabremos para lo sucesivo qué cosméticos podremos usar sin peligro.

LOS 'PEELINGS'

—Por cierto, Manuela, ¿nunca te has hecho un *peeling?* —le preguntó el dermatólogo.

—No, sólo he oído a mis amigas hablar de ellos, que les encantan —le respondió Manuela.

Los *peelings* son uno de los procedimientos dermocosméticos más utilizados y preferidos por la población. El *peeling* químico es una técnica utilizada para mejorar el aspecto del cutis. La palabra *peeling* (del inglés) significa «acción de pelar o decapar». Consiste en la eliminación de distintas capas de la epidermis mediante la aplicación de un agente químico irritante o cáustico. Esto produce una renovación de las capas de la piel, que son sustituidas por otras nuevas de mejor calidad, con menos manchas, menos arrugas y mejor textura.

—¿Y para qué los debo usar? —quiso saber Manuela.

—Se usan para mejorar el aspecto de la piel dañada por el sol, para disminuir arrugas, mejorar las cicatrices de acné y decolorar o eliminar manchas. Dependiendo del poder de penetración de la sustancia química, se eliminarán más capas de piel. A mayor profundidad, mayores efectos, pero también más riesgos. Aunque el *peeling* está indicado en casos de envejecimiento fisiológico o solar y para el tratamiento de manchas y acné, también puede emplearse como un medio para mantener una piel sana, tersa, libre de impurezas y luminosa.

—Pero ¿todos son iguales? —se interesó Manuela.

—En absoluto —fue la respuesta del dermatólogo—. Hoy existen *peelings* de todos los tipos y para muchas condiciones de la piel. Te voy a enumerar cuestiones básicas sobre ellos que las puedes encontrar en la pagina web de la Academia Española de Dermatología y Venereología, en www.aedv.es.

Tipos de peelings

Actualmente existen cuatro tipos. Los más antiguos son los *mecánicos*. Imagínate una máquina lijadora del suelo. Dicen que los egipcios raspaban su piel con polvo de sílice. También había quien lo hacía con papel de lija. Hoy se hace mediante una máquina similar a un taladro manual en cuyo extremo giran, a altas revoluciones, cabezales de acero quirúrgico o de diamante. Se clasifica en microdermoabrasión y dermoabrasión. La primera trabaja sólo en la capa córnea, y la segunda llega hasta la dermis superficial. Se recomienda, específicamente, para recuperar la lozanía y frescura que se pierde con el paso del tiempo. La sesión de un *peeling* mecánico alcanza las dos horas.

Los más usados hoy son los *peelings químicos*. Este procedimiento se basa en colocar sobre la piel un producto químico abrasivo capaz de «barrer» la epidermis. Se espera y una vez que la sustancia cáustica haya hecho su efecto, se inicia un proceso de regeneración de la piel con la formación de capas más sanas y menos dañadas. Sustancias como los alfahidroxiácidos (que incluyen el ácido glicólico, láctico, mandélico, entre otros), los betahidroxiácidos (ácidos salicílico y cítrico), el ácido tricloroacético, el ácido retinoico y el fenol, son de uso frecuente en los tratamientos de *peeling*. A su vez, existen combinaciones de estos compuestos cuya efectividad ya ha sido comprobada. El tratamiento se aplica en media hora.

Pero se están describiendo continuamente procedimientos gracias a los avances tecnológicos. Los *de última generación* son la fototermólisis fraccional, láser ultrasónico y el plasma; este procedimiento ayuda a la estimulación de producción de colágeno. Esta alternativa de *peeling* se apoya en la utilización de equipos muy modernos que ayudan a disimular arrugas suaves y cicatrices poco profundas.

Aspectos prácticos

Existen dos tipos de *peeling:* los caseros y los que aplicamos los dermatólogos en consulta. Los de uso personal son los más fáciles de practicar, menos potentes y también de menores resultados. Pero los puede aplicar usted mismo en casa. Mejoran la textura de la piel, aclaran o desaparecen las manchas en la cara y los puntos negros o comedones, promueven una piel más sana y bonita, y también reducen en parte el tamaño de los poros. Y no requieren tiempo de recuperación. Tienen los mismos ingredientes que los *peelings* profesionales, como ácido glicólico, ácido salicílico, ácido retinoico y otros. La diferencia está en la concentración utilizada.

Los *peelings* que aplicamos los dermatólogos actúan a niveles más profundos, y los resultados son más rápidos y efectivos.

Después de un *peeling* superficial, el paciente presenta una reacción similar a una quemadura solar, que desaparece en tres o cuatro días. En el caso del *peeling* medio, la reacción dura entre siete y diez días. Tras el tratamiento, el paciente presentará un enrojecimiento y descamación de la piel, más intensos y duraderos cuanto más profundo sea el *peeling*.

La periodicidad del *peeling* también dependerá del objetivo del tratamiento, así como de la sustancia empleada. En los *peelings* para aportar luminosidad a la cara se realizan entre cuatro y ocho sesiones semanales o quincenales. Una vez obtenidos los resultados deseados, se hace una sesión de mantenimiento cada cuatro o seis semanas. Si el *peeling* es muy profundo, no suele repetirse en años.

Las complicaciones son excepcionales, pero pueden ocurrir reactivación de un herpes labial latente, eritema persistente, eritema seborreico, eritema rayado en los casos de *peeling* con resorcinol, quemaduras, hiperpigmentación posinflamatoria, aclaración del color de la piel, infección, cicatrices, erupciones acneiformes, descamación o reacciones alérgicas por resorcinol.

Pero el *peeling* químico tiene sus limitaciones. No puede eliminar el exceso de piel ni las arrugas profundas. Las cicatrices profundas tampoco responden al tratamiento con *peeling*. Sin embargo, existen otros procedimientos, como la dermoabrasión, el láser de CO_2, la fototermólisis fraccional y la cirugía, que pueden mejorar el aspecto de las mismas.

Tratamientos antienvejecimiento

—¿Mi piel está muy envejecida? —le preguntó Manuela al dermatólogo.

—La verdad es que muestras signos claros de envejecimiento prematuro. No sólo por haber pasado los 40 y no haberte cuidado, sino que además la has dañado por exponerla al sol sin precaución durante años. A este hecho se le llama «fotoenvejecimiento». El envejecimiento y el daño añadido por el sol, fotoenvejecimiento, son quizá algunos de los problemas estéticos actuales que más preocupan a mujeres y, por qué no, también a hombres. Además de recurrir a productos específicos y seguir una dieta antioxidante que prevenga el envejecimiento prematuro de la piel, cada vez son más las mujeres y hombres que optan por tratamientos médico-estéticos para frenar este problema y, en muchos casos, para prevenirlo. Te voy a explicar las posibilidades actuales —le aclaró el dermatólogo.

Esquema básico de un tratamiento antiedad

La fórmula antiedad básica es la siguiente:

> Genotipo + dieta + hábitos de vida + exposición al sol = fenotipo

Nuestra piel, el fenotipo, depende de cuatro factores: la herencia, la dieta, la exposición solar

y cómo la cuidemos a diario. Expliquemos todo
esto:

- *Genotipo.* Todos debemos conocer cómo es nuestra piel. Aunque ya hemos hablado de esto anteriormente, la persona que haya heredado de la
  familia una piel muy blanca, con tendencia a las
  arrugas prematuras, con ojos azules y que sabe
  que se quema con facilidad, debe cuidarse indudablemente mucho más que la que no es así.
  Y este cuidado debe ser muy precoz, desde la
  infancia. El aspecto de nuestra piel de los 40 es
  el resultado del esmero que hayamos tenido en
  su cuidado los 15 o 20 años previos.
- *Dieta.* Un adulto necesita entre 3.200 y 4.000 calorías diarias, dependiendo de la actividad física.
  Se ha demostrado que reducirlas en un 25 por
  ciento durante un tiempo prolongado aumenta
  las expectativas de vida y el envejecimiento. Esto
  se debe a la producción en nuestro cuerpo de
  unas moléculas antioxidativas llamadas sirtuinas,
  cuando tenemos restricción calórica. Por tanto,
  ¡la dieta mediterránea es perfecta para la piel!
  Una dieta saludable indudablemente aporta una
  piel también saludable.
- *Protección solar.* La protección solar, incluso en
  invierno, evita más del 50 por ciento del envejecimiento de la piel, tanto en hombres como en
  mujeres. ¡Hay que acostumbrarse a usarla a diario! Ya comienzan a ser raros los cosméticos de
  todo tipo que no tienen añadido un protector
  solar.

- *Hábito de cuidarse la piel.* Es indudable que la persona que se cuida la piel durante años la tiene siempre mejor que quien no lo hace o lo hace poco e inconstantemente. Para cuidar la piel debemos:
  a) Efectuar una higiene adecuada e hidratarla a diario.
  b) Utilizar cosmecéuticos con efectos antienvejecimiento. Se aconsejan los alfa-hidroxiácidos, como el glicólico al 8 por ciento o 20 por ciento diario, el ácido retinoico o la hidroquinona y *peelings* de diversos tipos.
  c) Recurrir a tratamientos antienvejecimiento especializados.

Tratamientos antienvejecimiento especializados

Si a todo lo anterior le quieres sumar alguna de estas técnicas, el resultado es notable. Hoy la ciencia puede aportar soluciones muy diversas.

Bioestimulación

Este procedimiento es de reciente incorporación. También lo llamamos «tratamiento mediante factores de crecimiento epidérmico extraído de las plaquetas». Consiste en la activación biológica de las funciones anabólicas del fibroblasto, fundamentalmente la producción de colágeno, elastina y ácido hialurónico. Para ello se utilizan unas proteínas conocidas como factores de crecimiento, que pertenecen al grupo de las citoquinas. Son mediadores biológicos que regulan funciones esenciales en la regeneración y reparación tisular: atraen las células necesarias al lugar adecuado, estimulan su proliferación y funcionalidad, determinan la actividad vascular, etcétera.

Estos factores de crecimiento que estimulan el colágeno sabemos que existen en las plaquetas de nuestra propia sangre. Por tanto, el tratamiento consiste en obtener una pequeña muestra de nuestra sangre, prepararla para disponer de un plasma rico en plaquetas y reinyectarlo, en forma de microinyecciones, muy superficialmente, por debajo de la piel del propio paciente. La inyección se realiza con jeringa y aguja de muy pequeño calibre, de manera que resulta prácticamente indolora. No obstante, también puede utilizarse anestesia tópica (una solución anestésica que se aplica 20 o 30 minutos antes), o simplemente analgesia con frío (cubitos de hielo o los llamados *cold packs*). Otras veces se inyecta en la piel una solución de aminoácidos y coenzimas biológicos que son los precursores naturales para que el fibroblasto sintetice colágeno, elastina y ácido hialurónico, los elementos estructurales esenciales de la piel. Al final de cada sesión, se pueden aplicar mascarillas dermocosméticas refrigerantes o descongestivas, para contrarrestar el enrojecimiento y las molestias ocasionadas por las microinyecciones.

Se utiliza para tratamiento preventivo en una piel joven como restitutivo en una piel envejecida, en la cara, cuello, manos, escote y brazos. Los resultados se empiezan a notar, aproximadamente a los veintiún días, ya que es el tiempo que necesitan los fibroblastos para aumentar la producción de la cantidad de colágeno y elastina. Pueden repetirse estas sesiones, con una periodicidad mensual, durante seis u ocho meses. Lo mejor es que al ser extraídos de nuestra propia sangre quedan descartados los efectos adversos.

Toxina botulínica

Es el tratamiento más efectivo, con diferencia respecto al resto, para hacer desaparecer arrugas de la cara.

La sustancia utilizada para este tipo de alternativa es en realidad una proteína natural purificada que se extrae de la toxina botulínica. Este principio actúa en la unión neuromuscular, es decir, en el lugar donde confluyen el nervio responsable de la contracción del músculo y dicho músculo. Por tanto, paraliza la función de éste y hace desaparecer las arrugas superficiales que estaban producidas por la contracción.

La idea partió de un matrimonio canadiense, los Carruthers. Jane, oftalmóloga, hizo saber a su marido, Alaister, dermatólogo, que a sus pacientes con estrabismo ocular tratados con bótox les desaparecían las arrugas en la parte externa del ojo o pata de gallo. ¡Y Alaister empezó a usarlo con un éxito fenomenal que todos hemos copiado! Desde hace 20 años, se trata del método cosmético que más ha incrementado su frecuencia de uso.

El tratamiento con toxina botulínica tipo A es muy eficaz, seguro y cómodo para los pacientes que desean eliminar los surcos y arrugas que han aparecido en determinadas zonas de su rostro debido a gestos habituales, como fruncir el entrecejo o entrecerrar los ojos. Este tratamiento ha demostrado su utilidad como técnica no invasiva de rejuvenecimiento facial, ya que es capaz de eliminar parte de las arrugas producidas por la contracción de los músculos faciales, principalmente en la zona de la frente, el entrecejo, el contorno ocular, el perímetro de la boca y el cuello. De esta forma, los músculos pierden su capacidad de contracción de manera completa a partir de las 48 o 72 horas, y la inactivación neuromuscular se mantiene por un periodo de entre cuatro y seis meses.

El tratamiento se lleva a cabo a través de la inyección en el músculo. Estas filtraciones se realizan mediante un pequeño pinchazo, prácticamente imperceptible, con una aguja muy fina. Normalmente no es necesario aplicar una crema anestésica (no se utiliza una inyección de anestesia local porque ésta impediría una adecuada administración de la toxina). Los efectos se observan al cabo de tres o cuatro días y son reversibles, con una duración aproximada de seis meses, cuando se crean nuevas placas de unión neuromuscular que reactivan la neurotransmisión. Sin embargo, en este periodo se produce una deshabituación del paciente a contraer los músculos de las zonas tratadas y cuando desaparece el efecto de la toxina botulínica tiene menos tendencia a contraer la musculatura, por lo que la atenuación de las arrugas se mantiene parcialmente.

El objetivo es conseguir una mirada natural. Cuando se empezó a utilizar este tipo de tratamiento se quisieron eliminar todas las arrugas de la cara. El resultado era, en muchos casos, un rostro sin expresión, una mirada poco natural, con una elevación artificial de las cejas. Sin embargo, hoy el objetivo es conseguir una distribución más armónica de los distintos elementos (cejas, párpados, etcétera). Actualmente se puede conseguir con esta sustancia una mirada más relajada, más joven, y sobre todo, natural.

Además de lo anterior, el bótox tiene un cierto efecto *lifting*, sin cirugía, de una forma rápida, segura y eficaz. Consiste en inyectarlo en determinados músculos de puntos estratégicos de la cara para conseguir aumentar la acción de los músculos elevadores, que logran subir las cejas, la boca, la papada, la nariz y las mejillas. Con ello conseguimos revertir la acción del tiempo de una forma natural, al recuperar la tensión de dichas estructuras y una mirada más fresca y natural.

Los efectos duran entre tres y seis meses. A medida que una persona va realizando tratamientos, la duración de los efectos es cada vez mayor. A partir de los 65 años los efectos son menores.

Se trata de una terapia segura, eficaz y bien tolerada. Las complicaciones son muy raras; únicamente se produce una leve inflamación o pequeños hematomas en la zona de aplicación, que dura unos pocos días. El tratamiento debe evitarse en pacientes embarazadas, en lactancia y en pacientes con coagulopatías o en tratamientos anticoagulantes. En menos del 5 por ciento ocurren parálisis parciales de músculos adyacentes. El afectado con mayor frecuencia es el palpebral superior, que sufre una caída o ptosis, pero recupera su aspecto normal al cabo de cuatro o seis semanas.

La infiltración no requiere preparación ni importantes cuidados posteriores. Sin embargo, exige mucha precisión y técnica, porque si se relajan músculos con la toxina botulínica de forma inadecuada, el resultado puede ser una alteración no sólo estética, sino funcional. Por eso es importante que el tratamiento sea realizado por médicos especialistas, que conozcan la estructura muscular y nerviosa de las zonas donde ha de aplicarse y las dosis adecuadas para cada tipo de arruga.

Radiofrecuencia

Esta alternativa ha supuesto un avance notable en el campo de la dermoestética. Se trata de un método que utiliza energía de radiofrecuencia de baja intensidad, impulsos eléctricos que permiten atravesar la dermis sin dañarla y acceder a las capas más profundas de la piel hasta conseguir un efecto tensor con efectos visibles desde la primera sesión. Primero fue la radiofrecuencia facial, y posteriormente para la flacidez corporal: brazos, muslos, abdomen, cuello o mamas, zonas que presenten este problema y cuyo tratamiento con otras técnicas es complicado y poco efectivo.

La energía de la radiofrecuencia de baja intensidad atraviesa la epidermis sin dañar la piel. Produce un calentamiento uniforme de la dermis y del tejido subcutáneo subyacente (hasta casi 60 °C), el cual causa contracción del colágeno y estimula los fibroblastos para la producción de nuevo colágeno. Así obtenemos un estiramiento de la piel y una disminución de las arrugas. Los candidatos ideales son personas entre 30 y 40 años, que quieren seguir manteniendo un aspecto juvenil de la piel.

Durante el tratamiento se produce una sensación de calor que puede ser más o menos molesta según la sensibilidad de cada paciente, por lo que se suele aplicar anestesia local una hora antes del tratamiento. La duración de la sesión, dependiendo de la superficie que se va a tratar, suele ser entre una y dos horas. Después del tratamiento, puede aparecer un eritema o hinchazón leve que dura como máximo 48 horas y una pequeña sensación de escozor al terminar el tratamiento, pero es posible hacer vida normal de inmediato.

El resultado se percibe progresivamente: aumenta la tensión de la piel y se produce un auténtico efecto *lifting* que presenta sus mejores resultados en el cuello, las mejillas, los pómulos y el contorno de los labios y los ojos. A medida que avanza el número de sesiones, se observan los mejores resultados, cuyos efectos pueden llegar a permanecer entre un año y un año y medio tras la finalización del tratamiento. Durante este periodo permanecerán activados los fibroblastos para la producción de colágeno. El efecto de mayor tensión cutánea ocurre en unos dos o seis meses, aunque puede variar en cada persona.

La radiofrecuencia posee numerosas ventajas con respecto a otros sistemas o tratamientos. De esta manera, hasta el momento no se han detectado contraindicaciones, y además está permitido tomar el sol durante su realización, al no actuar sobre la epidermis.

Rellenos

Esta técnica, muy popular en la actualidad, consiste en inyectar en la dermis determinadas sustancias para conseguir rellenar bajo la piel cualquier depresión, arruga o surco, lo que produce un efecto de alisamiento y borrado de la imperfección. Es muy conocida, ya que la mayoría de las actrices de moda lucen rellenos de labios muy evidentes. Pero pueden someterse a este tipo de tratamiento aquellas personas que deseen corregir arrugas superficiales o profundas y surcos nasolabiales. Asimismo, aquellas personas cuyos labios son muy finos bien por su fisonomía o por efecto de la edad. Estos materiales son útiles también para disimular depresiones producidas en la piel fruto de cicatrices o marcas como las del acné.

Se utiliza en líneas del entrecejo, arrugas de la frente, arrugas labiales superficiales (arrugas de la sonrisa o «código de barras»), surcos nasolabiales, líneas periorbitarias (patas de gallo), comisuras orales y aumento de labios.

Existen rellenos de todo tipo. Los primeros empezaron a utilizarse hace más de cincuenta años. Los más inocuos son los que provienen del mismo individuo (autólogos), como la grasa propia del paciente extraída previamente por miniliposucción o el colágeno del paciente obtenido por cultivo de tejido, que no tienen posibilidad de producir rechazos. Otros son de origen animal o extraído de bacterias (heterólogos), como el colágeno bovino y el ácido hialurónico, este último quizá el más utilizado en la actualidad. Y por último, los hay sintéticos, como el ácido poliáctico y la silicona. Será el dermatólogo quien, en función del tratamiento que elija el paciente, decida cuál es el producto más adecuado en cada caso.

No todos tardan el mismo tiempo en reabsorberse. Podemos decir que en función de su duración han recibido el nombre de «materiales permanentes», «semipermanentes» y «materiales reabsorbibles o de corta duración».

> Se recomienda probar primero una sustancia no permanente de cara a que el paciente se familiarice con su aspecto durante un tiempo, y si queda satisfecho, valorar el proceder al implante permanente.

Inmediatamente después de la aplicación se observa un enrojecimiento y discreto edema. Ambos remiten a los pocos días. Estos efectos se pueden disimular con un poco de maquillaje.

De acuerdo con todo lo expuesto, podemos deducir que la técnica del relleno se convierte en una «terapia a la carta»; es decir, cada paciente es el que elige y decide el tipo de material que desea implantarse en función del tipo de arruga que quiera eliminar o atenuar, si su propósito es engrosar un labio o simplemente perfilarlo, y además decide sobre su duración.

Ultrasonidos

De reciente incorporación, este tratamiento moldea el contorno corporal de forma segura y sin cirugía, utilizando energía ultrasónica y eliminando alteraciones inestéticas de la figura corporal. No es invasivo, ni agresivo ni doloroso, y provoca cambios evidentes y medibles en la silueta corporal. El tratamiento emplea tecnología ultrasónica no invasiva, científicamente demostrada, para eliminar la grasa no deseada. Las ondas ultrasónicas eliminan selectivamente los adipocitos o células grasas de la zona elegida sin dañar los nervios, los vasos sanguíneos o la piel circundante. Inmediatamente después del tratamiento, se pueden reanudar las actividades diarias habituales sin ningún tipo de problema.

Está indicado en tratamientos de obesidades localizadas resistentes a dieta en donde es necesario provocar reducción volumétrica del contorno corporal sin utilizar cirugía. Las zonas que se tratan son: abdomen, interior y exterior de muslos (cartucheras), caderas, espalda, nalgas, región debajo de las nalgas (bananas) y región pectoral en el hombre. Con varios tratamientos puede llegar a reducirse el contorno corporal en varios centímetros, una pérdida que es posible evaluar con ecografía de la grasa.

LÁSER

La tecnología láser ha revolucionado la dermatología. El láser nace de una fórmula de mínimo enunciado ($E = mc^2$), basada en la teoría cuántica de Einstein. Cuando se inventó en 1960, se intentaba descubrir un arma de guerra insuperable. Hoy la tecnología láser se aplica en áreas muy diferentes, como la medicina, comunicación, dispositivos de uso cotidiano, militar y en la industria.

Hablarles a nuestros pacientes de láser es aludir a la última tecnología, y por desgracia ellos creen que se trata de algo mágico, que todo lo arregla. Pero en realidad, lo único que hace el láser es concentrar una muy alta energía de fotones en un punto. De esta emisión de luz es de donde el láser toma la denominación: LASER = Light Amplification by Stimulated Emission of Radiation (Amplificación de Luz por Emisión Estimulada de Radiación). Aunque el término *láser* empezó como un acrónimo, ahora se acepta como palabra.

Forma de actuar

La actuación del rayo láser se basa en dos características: por un lado, en cómo sea la longitud de onda del haz de fotones; otra, la absorción y penetración en el tejido. En realidad, la primera determina la segunda. Una vez que este haz de fotones llega a la piel, el tejido sobre el que se dispara debe absorber la energía, pero termina quemando la zona, ya que produce hasta 1.000 ºC de temperatura en un instante. ¡Por eso es doloroso! En realidad, el láser quema igual que el bisturí eléctrico o el frío, pero es verdad que se trata de la tecnología que hoy deja menor señal o cicatriz residual. Los mejores colores para absorber el rayo láser son los intensos, como el rojo y el negro. Por eso podemos quitar angiomas y manchas eficazmente.

Los primeros láseres disparaban un chorro de fotones de forma continua, con lo que se calentaba extraordinariamente el tejido y, por tanto, se quemaba lo que queríamos quemar pero también la zona sana alrededor, y dejaba mucha cicatriz. Con los años, se ha mejorado con algo muy simple: disparos como una ametralladora, con lo cual no llega a calentar tanto la piel (se llama técnicamente «daño térmico residual»). Es la tecnología pulsada, o todavía mejores y más actuales, la superpulsada y tipo conmutada (*q-switched*). El resultado es mínimo daño al tejido que rodea lo que destruimos, por lo que son muy selectivos y no dejan cicatriz.

Tipos de láser

Existen más de 100 tipos diferentes de láser. El problema es que cada uno, como tiene una única longitud de onda, sólo sirve para un tipo de lesión determinado. La verdad es que a los dermatólogos nos ha complicado extraordinariamente las cosas, ya que debemos tener, tres, cuatro, cinco o seis láseres en nuestras consultas para poder tratar casos habituales. ¡Y además son muy caros!

Refiriéndonos al envejecimiento, los hay de dos tipos. El primero funciona como una máquina pulidora del suelo. Es decir, va quemando y destruyendo superficialmente y de forma horizontal la piel de manera que, al cicatrizar, tengamos una piel nueva con características mejores que la primera. Éste es el láser *resurfacing*. Sus resultados son muy buenos, pero dejan a la persona con la cara o la zona tratada (periocular, peribucal, etcétera) con una quemadura durante cinco o diez días que le impide salir de casa, además de quedar después rojo al menos un mes y sin poder exponerse al sol para evitar manchas. ¡Hoy nadie quiere eso! Por este motivo se inventó el segundo método, de fototermólisis selectiva que funciona de forma muy curiosa: en lugar de actuar destruyendo la superficie, hace microtaladros perpendiculares múltiples, que llegan a la profundidad de la dermis y estimulan la proteína colágena. Su gran ventaja es que a las 24 horas la piel está casi normal y permite a la persona hacer su vida normal. Lógicamente, para conseguir resultados hay que repetirlo de cuatro a seis veces.

Qué pueden conseguir

Lo cierto es que se trata de grandes armas terapéuticas. Los más modernos, que permiten una vida normal, han revolucionado la dermocosmética. Sólo una cuestión: cualquier láser puede producir un «agujero» considerable en la piel y dejar secuelas de por vida si no está siendo utilizado por médicos especializados, ¡asesórese siempre sobre la adecuación del profesional! Además, pida que le informen del tipo de láser, qué puede obtener y qué efectos secundarios pueden aparecer.

Los mejores resultados se obtienen en cicatrices de acné, arrugas finas (¡el láser no es válido para las arrugas muy visibles!) y envejecimiento prematuro de la piel (véase tabla 2).

Tabla 2. Tipos de láser utilizados en dermatología.

Láser	Longitud de onda (nm)	Modo	Usos típicos
Alexandrita	755	Interruptor Q Pulso prolongado	Pigmentación dérmica epidérmica, nevus de Ota, tatuaje (blanco, azul, verde), depilación.
Argón, argón colorante	488-630	OC	Vascular, terapia fotodinámica.
CO_2	10.600	OC Pulsado	Vaporización, ablación de arrugas, cicatrices, fotodaño.
Vapor de cobre	512	OCC	Vascular, pigmento epidérmico.
Diodo	800-1.000	OC / pulsado	Vascular y depilación.

Láser	Longitud de onda (nm)	Modo	Usos típicos
Erbium: YAG	2.940	Pulsado	Arrugas, cicatrices, fotodaño.
Krypton	520-568	OC / pulsado	Pigmento y vascular.
KTP	532	OCC	Vascular, pigmento epidérmico.
Nd: YAG	532	Interruptor Q	Pigmentación, epidérmica, tatuaje rojo.
Colorante pulsado	1.064	Pulso prolongado	Nevus de Ota, tatuaje negro, depilación.
Amarillo	577-600	Pulsado	Vascular en niños y adultos.
Colorante pulsado	510	Pulsado	Pigmento epidérmico, tatuaje rojo, verde.
Rubí	694	Interruptor Q Pulso prolongado	Pigmentación dérmica y epidérmica, nevus de Ota, tatuaje blanco, azul, verde, depilación.

Nota: OC, onda continua; OCC, onda casi continua (pulsos rápidos de baja energía); pulsado, pulsos de alta energía.

Consejos finales sobre la dermatología estética

—Manuela, como habrás visto —le siguió explicando el doctor—, la dermatología ha ampliado sus horizontes notablemente en los últimos años. La incorporación del dermatólogo en la estética no ha sido producto de su expresa voluntad, de querer ampliar sus límites a toda costa, sino motivada por la propia petición de nuestros pacientes. La población entiende que si hay especialistas de la piel muy bien formados en su país, deben ser ellos los mismos que cuiden sus problemas estéticos. Hoy es lógico que un paciente piense que si su dermatólogo le ha curado su acné, también se ocupe de sus cicatrices resultantes. O que si le diagnostica envejecimiento de la piel, se la corrija con los métodos estéticos más modernos.

Antes hemos expuesto brevemente cuáles son los tratamientos que se utilizan con mayor frecuencia para el envejecimiento y el fotoenvejecimiento de la piel. ¡Y todavía hay más! Realmente, la dermatología es una de las especialidades que más se ha tecnificado y contamos con una ingente cantidad de aparatos y procedimientos.

Sólo algunos detalles finales.

El truco para que cualquier procedimiento estético que haga en su cara o en su cuerpo sea un éxito completo es que ese «arreglito» no se note. Cuando quiera corregir las arrugas de la cara o el código de barras del labio superior, si le hacemos un relleno, lo bonito es que nadie se dé cuenta de que se lo han hecho. Si le hacemos bótox, no pida llegar a una situación límite donde no se mueva ni un músculo de la cara. ¡Eso no es natural! Quien la vea no ha de percibir que su rostro está rellenado, o que tiene bótox, como por desgracia hoy se observa en muchos artistas y gente famosa; simplemente deben ver a una persona sin arrugas. ¡El resto de los adornos se los pone usted! Si la arruga no es bella, la sobrecorrección lo es todavía menos.

Un segundo truco es que no desarrolle «adicción» a la estética, y le entre la angustia de querer corregir en muy poco tiempo todo aquello que de repente se ha dado cuenta de que se ha deteriorado, pero con el paso de los años. La «indigestión» que puede sufrir por sumar muchos procedimientos a la vez es contraproducente: sólo le conducirán a equivocación y a forzar la actuación del especialista, e incluso le acarrearán efectos secundarios que de ir más lenta y progresivamente nunca sufriría.

El tercero, confíe en el buen hacer de los especialistas de la estética. En este campo estamos solapados los dermatólogos, los cirujanos plásticos y los médicos estéticos. El nivel que tenemos estos especialistas en España es muy alto. Pero no lo olvide: pida que le expliquen detalladamente las soluciones posibles; de ellas, cuál es el tratamiento más adecuado para su caso; y también los posibles efectos secundarios que puede encontrarse. Hay que tener claro que el verdadero especialista es el capaz de solucionar tanto el problema estético como los efectos secundarios que puedan presentarse inesperadamente. En este sentido, el dermatólogo tiene más preparación que el resto.

Hoy la dermatología le permite tener una piel joven y lucida, aunque su carné de identidad diga otra cosa. ¡Pídale consejo a su dermatólogo!

CAPÍTULO IX

Estrés, dieta, defensas y medio ambiente

Introducción

Es curioso que la gente hable de «lo poco que se sabe de las enfermedades de la piel» o de que «la mayoría no tiene cura». Algunos se atreven a aseverar que se trata de una especialidad muy atrasada. Por supuesto que esta idea no corresponde a la realidad. Es más, la dermatología es el paradigma de las especialidades de la medicina que más ha evolucionado y mejorado en los últimos 50 años.

El problema quizá sea que las enfermedades de la piel se ven. Cuando uno tiene una úlcera de estómago, que es un verdadero «agujero» del tamaño de un botón, se toma un simple omeprazol, a las 48 horas ya se alivian las molestias y se cree uno que la úlcera está curada; pero ese agujero tarda en curar el mismo tiempo que una herida de igual tamaño en la pierna o en la espalda: de

10 a 20 días. La diferencia: ¡la úlcera no se ve y las enfermedades de la piel, sí! Igual de feas son las hepatitis, neumonías, nefritis u osteomielitis, pero están ocultas.

Otro aspecto curioso es que las enfermedades históricamente tabú para la sociedad han sido las de la piel: lepra, tuberculosis, sífilis, sida y cáncer, entre otras. Por eso es frecuente que todavía haya personas a las que les produce un rechazo inmediato. Pero no saben que incluso el paradigma de lo contagioso, como es la lepra, se trata de la enfermedad infecciosa que ¡menos se contagia! Además de temas tabú como la política y la religión, muchas personas se muestran reacias a realizar comentarios de cualquier enfermedad de la piel con sus amigos o familiares. Y sin embargo, se habla con total desenvoltura sobre los temas más íntimos, como infidelidad, homosexualidad o economía personal.

Por último, las enfermedades de la piel exigen constancia en el tratamiento. A veces durante meses. La mayoría de las personas sólo lo hacen regularmente unos días o semanas hasta mejorar aceptablemente, pero no hasta la completa erradicación. ¡Así cómo se van a curar! Realmente es un fallo de la persona más que de la dermatología.

Pero gracias a la dermocosmética y dermoestética, que implican poder conseguir belleza donde no la hay, la dermatología del siglo xxi ha pasado a tener una connotación positiva para la población. Ya se nos considera entre los especialistas preferidos y de trabajo más bonito: cuidar de la belleza de nuestro cuerpo. ¡Por fin la historia ha hecho justicia con nuestro trabajo!

Por eso nuestra especialidad se merece algunos comentarios sobre temas de actualidad para que comprobéis lo espectacular de la dermatología actual.

El estrés y la piel

Todas las emociones se expresan en la piel. La vergüenza, el miedo, el dolor, el odio, los nervios... Y a veces, cuando la piel se enferma, la causa tiene que ver con cuestiones emocionales.

Lo que ocurre es que el paciente, de forma inconsciente, «usa» la piel para pedir ayuda.

Cada vez se descubren más relaciones entre cuerpo y mente, piel y cerebro. Hasta hace pocos años, se pensaba en la piel como una barrera inerte que nos protegía del exterior. Actualmente, y a medida que avanzan los descubrimientos sobre el funcionamiento de las células que la componen, se sabe que produce las mismas hormonas y neurotransmisores que hay en el cerebro.

Cuando le preguntamos a un paciente si está estresado, no hay uno que no conteste afirmativamente. No se libra nadie. Se trata del mal más frecuente del siglo XXI. Y la piel lo expresa como ningún otro órgano de nuestro cuerpo. Todos hablamos de estrés, y muy pocos saben realmente qué es. Quizá se deba a que el término *estrés* tiene múltiples acepciones. En la física y la arquitectura, se refiere a la fuerza que se aplica a un objeto, que puede deformarlo o romperlo. En las carreras de caballos inglesas, cerca ya de la meta, el jinete «estresa» al caballo para que realice un sobresfuerzo y gane la carrera. En psicología hace referencia a ciertos acontecimientos en los cuales nos encontramos con situaciones que implican demandas fuertes para el individuo, que pueden agotar sus recursos de afrontamiento. La mejor explicación es la del *Diccionario de la Real Academia Española*, que define el *estrés* como la «tensión provocada por situaciones agobiantes que originan reacciones psicosomáticas o trastornos psicológicos a veces graves». El estrés psicológico puede ser breve e intenso, pero es más frecuente el estrés psicológico prolongado. Los productores de estrés más frecuentes son las prisas, el exceso de trabajo, la indecisión, etcétera.

Muchas veces ansiedad y estrés se usan como sinónimos, y se entienden como un mismo tipo de reacción emocional, caracterizada por alta activación fisiológica. Sin embargo, existen tradiciones diferentes a la hora de estudiar ambos fenómenos. El estrés es un proceso más amplio de adaptación al medio. La ansiedad es una reacción emocional de alerta ante una amenaza. Digamos que dentro del proceso de cambios que implica el estrés, la ansiedad es la reacción emocional más frecuente.

Lo interesante es que nosotros los dermatólogos vemos a través de la piel y escudriñamos el cerebro y el estado de ánimo. Somos como brujos. Por ejemplo, cuando un paciente con psoriasis empeora rápidamente, es que atraviesa situaciones de estrés. Cuando un joven con acné llega a fin de curso, sistemáticamente su cara presenta peor aspecto debido a los nervios de los exámenes. Ante un rostro con rojeces y descamación en los surcos de las alas nasales y el entrecejo, o con caspa, en seguida sabemos que se trata de una dermatitis seborreica que empeora por el estrés. A las pacientes muy ordenadas, metódicas, muy estrictas en su forma de ser, les aparecen rojeces en la cara que denominamos rosácea. Y por último, entre otras muchas enfermedades de la piel, una situación de ansiedad puede producir caída de cabello en placas o círculos, e incluso de todo el cuerpo, llamada alopecia areata.

La piel, además, acumula «memoria corporal», que es una forma de recordar y mostrar sucesos traumáticos. En esos casos, las sensaciones cutáneas manifiestan traumas padecidos en la infancia (castigos, abusos sexuales y corporales). También existen asociaciones entre urticaria y ataques de pánico, o entre pesadillas e hiperhidrosis (exceso de transpiración), y entre lesiones autoproducidas y desórdenes de la alimentación.

Y todo esto, ¿por qué ocurre? El sistema nervioso y la piel derivan de un mismo origen en el embrión: la capa ectodérmica. Por eso siguen unidos en el futuro, lejos uno del otro. La piel produce un factor liberador de corticotrofina y sustancias precursoras de hormonas y neuropéptidos del mismo modo que el cerebro.

¿Cómo hacen los nervios para que aparezca una enfermedad o para que empeore? Existen muchos mecanismos, que a veces se imbrican entre sí. El estrés agudo puede generar un tipo de inflamación denominada neurogénica, porque los mastocitos, que son células que están en la piel, estimulan la liberación de neurotransmisores en las terminales nerviosas, y a partir de esas terminales nerviosas se produce la generación de sustancias que disparan el proceso inflamatorio que se ve en muchas enfermedades y que aparece en forma de manchas rojas, ronchas o descamaciones. Por otro lado, el estrés produce alteraciones hormonales. Cuando algo nos produce estrés, el cuerpo reacciona generando hormonas con diferentes objetivos; entre ellas se encuentran el cortisol y la adrenalina. El exceso de estas hormonas produce desequilibrio en los estrógenos y testosterona en el cuerpo, y afectan a la piel directamente. Por eso aumentan la psoriasis, el acné o la caída de pelo. Y por último, el estrés es capaz de alterar las defensas, los linfocitos CD4, así como los péptidos antimicrobianos, lo que provoca un aumento de las infecciones.

¡Qué complicada es la piel!, cabe pensar. Pues sí, refleja nuestro interior. La cara, según la sabiduría popular, es el espejo del alma. ¡Nunca mejor dicho!

NUESTRAS DEFENSAS Y LA PIEL

Desde el descubrimiento del sida, en 1980, el desarrollo que ha experimentado la inmunología ha sido espectacular. La piel ha sido responsable de gran parte de este desarrollo, ya que todas las experiencias y pruebas se han realizado en ella, por el hecho de ser muy accesible.

Las defensas pueden estar disminuidas, como sucede en el sida. Otras veces no están disminuidas, pero actúan erróneamente. La escopeta funciona, pero apunta para un lugar equivocado, no a donde debe hacerlo. Éste es el caso de enfermedades que hoy han tomado mucho relieve, como la psoriasis, el vitíligo y la alopecia areata.

Psoriasis

La psoriasis es una patología que casi todos los lectores habrán oído nombrar, y es posible que la padezcan amigos, familiares o conocidos. En España la padece el 1,4 por ciento de la población. Mencionar la psoriasis es como hablar del demonio, ya que la idea que se tiene es que se trata de una enfermedad sin cura. Y esto no es así. Vamos a explicarlo.

La psoriasis es una enfermedad genética. Es decir, la persona que la padece la ha heredado de padres, abuelos o tíos. Cuando se pregunta, casi siempre suele existir este antecedente. Y a menudo nos dicen con pesar: «Mejor me podía haber dejado una finca, y no esto». Desde este punto de vista, como los genes no cambian a lo largo de la vida, realmente la psoriasis es incurable. Quizá ahí radique la curación futura de esta enfermedad, en la terapia génica, en forma de vacunación.

Ocurre por una alteración de nuestras células defensivas, los linfocitos T CD4, que aumentan de forma exorbitante la producción de citoquinas, sustancias mensajeras que dan órdenes a otras células. En este caso, los linfocitos dan la orden errónea a las células de la epidermis, los queratinocitos, para que se multipliquen muy rápidamente. Si una piel normal se cambia en 30 días, en la psoriasis, debido a esta alteración de los linfocitos, se modifica ¡en tan sólo tres!

El desarrollo de la inmunología ha hecho que las facilidades con que hoy contamos para «limpiar» la piel de nuestros pacientes no tiene nada que ver con la que existía hace 15 o 20 años. Creo que ahí es donde nace la idea negativa de esta enfermedad, ya que tiempo atrás no había realmente nada para ella aparte de breas y pomadas con ácido salicílico. Por el contrario, hoy existen más de veinte tratamientos eficaces, y que con una alta probabilidad pueden hacer desaparecer la enfermedad, aunque sea de forma temporal. Y si recae, volveremos a limpiarla.

La psoriasis es una enfermedad fea por lo que hace sobre nuestra piel: produce placas y escamas que son muy visibles. Cuántas veces acuden los pacientes con lesiones en las manos y nos dicen que no se atreven en su trabajo a darla a nadie, o en el cuerpo y no quieren desnudarse por vergüenza, incluso con su pareja. Por eso, la persona que la padece la tolera mal.

El dermatólogo dispone hoy de múltiples tratamientos, y lo normal es que funcionen. Casos ciertamente rebeldes a los tratamientos sólo vemos 20 o 30 al año, mientras que el resto, cientos, responden muy bien. En la actualidad, hemos llegado a un punto en que podemos garantizar optimismo justificado ante esta enfermedad.

Hasta los casos difíciles que antes nos daban problemas se consiguen dominar gracias a la terapia biológica. ¡Dos inyecciones a la semana, y fuera! La inmunología ha entrado de lleno en

estos pacientes, y el futuro es más que esperan-
zador.

Pero tampoco depende todo del médico. La
persona que padece psoriasis también debe sen-
tirse implicada en el control de la enfermedad
y evitar los factores que la desencadenan. Los agentes desencadenantes de brotes son distintos para
cada persona, pero sabemos que el estrés, infecciones de garganta, algunos fármacos antiinflamatorios o para el corazón, el consumo excesivo de
alcohol, tabaco, alergias y algunas condiciones cli-
máticas, pueden producir brotes de psoriasis. Está
en nuestra mano evitarlos. Por el contrario, una
vida sana, dieta mediterránea, descanso adecuado
y no fumar mejora extraordinariamente al paciente. Pues ya saben, ¡a cuidarse!

Vitíligo

El vitíligo es otra de las enfermedades de la piel
conocidas desde la más remota Antigüedad. Los
que la padecían eran confundidos con leprosos
y encerrados en leproserías de por vida. Consiste en
manchas blancas que aparecen a cualquier edad
en las manos, cara y resto del cuerpo, ocasionadas por falta de melanina. Afecta al 1 por ciento de
la población mundial.

En esta enfermedad el sistema inmunológico
o defensivo toma por extraños a elementos de nuestro propio cuerpo por equivocación. El organismo
detecta que los integrantes de la melanina repre-

sentan una amenaza, y crea anticuerpos que luchan contra la tirosina, precursora de la melanina, y la destruyen. Es como el «fuego amigo» en las guerras entre soldados del mismo bando, que se disparan por equivocación o falta de reconocimiento entre ellos. Aquí, igual. El organismo ataca al propio organismo, detiene la síntesis de la melanina. Pero, por suerte, no destruye a la célula, sólo la detiene y deja de funcionar.

Hasta hace 15 años no sabíamos cómo echar a andar estas células. Pero hoy ha cambiado el panorama. No es que sepamos curarla en todos los casos, pero en un porcentaje entre el 30 y el 40 por ciento conseguimos que la pigmentación vuelva a ponerse en marcha. Por tanto, ya no existe esa idea de no poder hacer nada frente a ella que todavía tienen muchos de nuestros pacientes.

El avance de los últimos años ha sido frenar al sistema inmunológico de formas muy diversas: mediante inmunosupresores tópicos (corticoides, tacrolimus, pimecrolimus), sustituyendo a la tirosina por fenilalanina, tanto oral como tópica, mediante inmunomodulares (extracto de calaguala) y la fotosensibilización (8-MOP), entre otros.

No obstante, existen zonas fáciles de repigmentar, como la cara, el tórax, las piernas, y zonas muy difíciles, como la punta de los dedos o los genitales. Pero no sabemos todavía por qué.

Alopecia areata

Esta enfermedad es otro ejemplo de ataque al propio organismo. Aquí ocurren dos fenómenos peculiares: uno, que el estrés o la ansiedad ocasionan una alteración de nuestras defensas que pone en marcha a unas células encargadas de las defensas, denominadas linfocitos CD4; otro, que estas células atacan a las de la papila del folículo y detienen su crecimiento.

El resultado es que una persona con un estrés importante nota de repente, de un día para otro, que le falta una zona de pelo en el cuero cabelludo o en la barba. Y el problema es que puede generalizarse.

También esta enfermedad se puede curar. Pero el dermatólogo se encuentra desasistido si no cuenta con la colaboración del paciente. ¡Deben luchar en equipo! Por un lado, el dermatólogo utilizará toda suerte de tratamientos para detener la reacción inmunológica. Pero, por otro, el paciente debe saber que sin su propia ayuda, todos los dermatólogos del mundo se estrellarán en su caso.

En medicina, las enfermedades deben curarse eliminando su causa. Si en estos pacientes no desaparece el estrés, nunca crecerá el pelo.

¡De ahí lo importante del trabajo en equipo médico-paciente!

Enfermedades internas y la piel

La piel es una envoltura lipoproteica, pero no está aislada, sino en contacto con el interior. Cualquier alteración que afecta a las proteínas de los huesos, músculos o vísceras, también afecta a la piel. De ahí la importancia de la dermatología. Somos capaces de ver, a través de la piel, situaciones internas que a veces permanecen ocultas o ignoradas para los internistas.

Existen casos concretos que son muy demostrativos. Cuando a una joven de repente se le cae masivamente el pelo, deducimos que el síntoma puede ser consecuencia de una anemia importante o una falta de hierro, quizá por las menstruaciones abundantes o dietas restrictivas. Infecciones repetidas en la piel pueden significar aumento de la glucosa en sangre, y el paciente padece una diabetes sin diagnosticar. Fiebre vespertina sin causa aparente puede estar producida por un proceso maligno de la médula, los linfomas. Picor continuo de meses, por un cáncer visceral sin diagnosticar. ¡Y así cientos de ejemplos!

Por eso es importante acudir al dermatólogo si tenemos síntomas o lesiones en la piel. A veces, los internistas los pasan por alto, ya que conceden más importancia a lo que oyen por el fonendo, a lo que aparece en la radiografía o a lo que encuentran en las analíticas, que a los síntomas de la piel que refieren nuestros pacientes. Sin embargo, el dermatólogo los relaciona inmediatamente.

La dieta y la piel

Se ha querido relacionar una piel radiante con la dieta. Jennifer Aniston aconseja comer muchas frutas y verduras frescas aderezadas con aceite de oliva, y evitar los hidratos de carbono porque tienen una digestión lenta. Angelina Jolie dice utilizar el truco de comer pescado tres veces por semana con arroz integral, para mantener esa piel blanca y tersa, sin imperfecciones. Y Cameron Díaz se confiesa adicta a las hamburguesas y a las papas fritas, pero bebe medio litro de agua en ayunas. Hay quien dice que somos lo que comemos, y no basta con depositar la confianza en los avances tecnológicos de las cremas.

¿Y todo esto es cierto?

Sólo en parte. Es cierto que una alimentación equilibrada es uno de los pilares de una buena salud, incluida la de la piel. La piel se renueva constantemente. Para ser más exactos, cada 28 días se produce el recambio de las células epidérmicas. Esa renovación requiere un aporte continuado de nutrientes, pues su déficit ocasiona alteraciones en su crecimiento y apariencia. Por eso, una alimentación que asegure el aporte correcto de vitaminas, proteínas y oligoelementos contribuye a mantenerla saludable. Carnes, pescados, huevos, lácteos, legumbres, cereales y frutos secos conforman el combinado básico que toda persona debe respetar para conservar el buen aspecto. Un aporte alto en vitamina C, presente en todos los cítricos, y antioxidantes como la vitamina E y el selenio, que se encuentran en los pescados, los mariscos, los cereales y los huevos, son buenos aliados del antienvejecimiento.

Estas propiedades antienvejecimiento también las tienen el melón, las frutillas, las moras, los ajos verdes y el tomate. Pero la que más, la piel de la uva, que produce grandes cantidades de resveratrol, un gran antioxidante, antienvejecimiento e incluso antitumoral. Por eso la dieta mediterránea es tan sana. Pero cuidado: si alguien ha pensado llegar a viejo tomando resveratrol de la uva, deberá consumir de 700 a 1.500 botellas de vino de Rioja diarias, por lo que debe abstenerse. Todavía está en periodo de estudio, aunque indudablemente nuestro vino funciona de maravilla para no envejecer.

Pero no todo es verdad. Resulta habitual pensar que cuando la piel es grasa están totalmente prohibidos los nutrientes oleosos, como las frituras, la mayonesa, la manteca y la leche entera, porque esos alimentos contribuyen a fomentar un mayor sebo en la piel. Y esta afirmación no es correcta, ya que la grasa de la piel se forma en gran parte por condicionantes genéticos. Además, el aumento de hidratos de carbono es lo que en mayor medida produce elevación del sebo en la piel, y no la propia grasa que comemos. Sucede algo parecido en muchas personas con el colesterol elevado, que a pesar de hacer una dieta sumamente estricta, no les baja nunca.

Lo mejor es quedarse con hambre

Lo que sí está demostrado es que lo idóneo no es comer, sino no comer. Reducir las calorías al menos un 25 por ciento diario alarga la vida. Por ejemplo, cenar de forma frugal. De esta manera estimulamos las sirtuinas, moléculas que alargan la vida celular y que actúan cuando estamos sometidos a situaciones de estrés oxidativo como el caso de la restricción calórica. Así que ya sabe, ¡si quiere durar mucho, esté delgado!

El agua y la salud de la piel

Otra falacia es la que oímos en comentarios de famosas modelos, cuando argumentan que su secreto de belleza es beber tres o cuatro litros de agua al día, y gracias a eso tienen la piel más joven, bonita e hidratada. Esta afirmación carece de fundamento, e incluso puede resultar peligrosa para la salud.

En primer lugar es incierta, porque el concepto en sí mismo de hidratación de la piel es controvertido. En la práctica, cuando hacemos alusión a «tener la piel deshidratada», lo que estamos realmente afirmando no es que la piel tenga poca agua, sino que tiene poca grasa. Y esto se debe a que el manto lipídico que impregna nuestra capa córnea ha desaparecido, bien por una base atópica (por la ausencia de la delta-6-desaturasa), o bien por el uso inadecuado de jabón, gel de baño o cualquier otra sustancia. Basta aplicar cualquier crema o emulsión con un contenido mínimo en aceites para que de nuevo aparezca como «hidratada». De hecho, todas las cremas de las llamadas «hidratantes», aparte de moléculas anunciadas como milagrosas, contienen una cantidad significativa de aceites vegetales.

Por otro lado, si la piel está deshidratada, no cabe duda de que también el organismo debe estar deshidratado, lo cual resulta realmente peligroso y ocurre sólo en circunstancias muy concretas, que requieren a veces ingreso hospitalario. Como es verdad que a través de la piel se eliminan diariamente entre 500 y 600 centímetros cúbicos de agua por una pérdida transcutánea como mecanismo fundamental para mantener la temperatura corporal, se pueden utilizar cosméticos o cosmecéuticos que tratan de retener la evaporación de esta agua, pero esto tiene otras implicaciones fisiopatológicas. Después de llevar los dermatólogos años explicando lo anterior, no sin la crítica del mundo de la cosmética, un reciente estudio ha demostrado que beber tanta agua no produce tales efectos beneficiosos para la hidratación de la piel.

Y en segundo lugar, es peligrosa porque someter al organismo a una sobrecarga de agua de forma indiscriminada puede tener consecuencias fatales. El organismo en condiciones normales no acumula agua, como lo hacen los dromedarios. Lo aconsejable es una ingesta de agua de aproximadamente dos litros al día. Si se toma en exceso, sólo se absorberá la que nos haga falta. El resto se elimina en la diuresis. Pero decir que es bueno para cualquier persona es peligroso, ya que si padece cualquier enfermedad cardiovascular o renal (a veces desconocida), tal exceso de agua puede producir retención de líquidos y conducir a cuadros de hipertensión, insuficiencia cardiaca, etcétera, de consecuencias fatales.

Por tanto, si quiere una buena hidratación de la piel, lo mejor es dejarse guiar por los consejos de su dermatólogo. A veces la falta de «hidratación» de la piel lo que traduce es una enfermedad dermatológica o su envejecimiento prematuro.

EL MEDIO AMBIENTE Y LA PIEL

Lo que nos interrelaciona con el exterior es nuestra piel. Por tanto, es el órgano que más puede ser dañado con cambios en el medio ambiente. En el presente siglo, es un hecho científico que el clima global está siendo alterado significativamente, como resultado del aumento de concentraciones de gases invernadero —dióxido de carbono, metano, óxidos nitrosos y clorofluorocarbonos—. Estos gases están atrapando una porción creciente de radiación infrarroja terrestre, y se espera que harán aumentar la temperatura planetaria entre 1,5 y 4,5 °C.

Es el llamado «efecto invernadero» y «calentamiento global» que tantas veces hemos oído co-

mentar a Al Gore. Posiblemente seremos protagonistas de sucesos climáticos como los siguientes:
- Ocurrirá un calentamiento global promedio de entre 1,5 y 4,5 °C, probablemente de 2,5 °C, con el consiguiente aumento de horas de sol al día.
- La estratosfera se enfriará significativamente.
- El entibiamiento superficial será mayor en las altas latitudes en invierno, pero menor durante el verano.
- La precipitación global aumentará entre un 3 y un 15 por ciento.
- Habrá un aumento en todo el año de las precipitaciones en las altas latitudes, mientras que en algunas áreas tropicales disminuirán.

El problema para la piel es que la reducción de la capa de ozono de las últimas décadas está íntimamente relacionada con el aumento de las cifras del cáncer de piel. El ozono (O_3) en la estratosfera filtra los UV dañinos para las estructuras biológicas, es también un gas invernadero que absorbe efectivamente la radiación infrarroja. La concentración de ozono en la atmósfera no es uniforme, sino que varía según la altura. Se forma a través de reacciones fotoquímicas que involucran radiación solar, una molécula de CO_2 y un átomo solitario de oxígeno. También puede ser generado por complejas reacciones fotoquímicas asociadas a emisiones antropogénicas, y constituye un potente contaminante atmosférico en la troposfera superficial. Es destruido por procesos fotoquímicos que involucran a radicales hidroxilos, NOx y cloro. La concentración es determinada por un fino proceso de balance entre su creación y su destrucción. Se teme su eliminación por agentes que contienen cloro (CFC), que en las alturas estratosféricas, donde se encuentra la capa de ozono, son transformadas en radicales que alteran el fino balance que mantiene esta capa protectora.

Si las olas de calor aumentan, el riesgo de cáncer de piel y las enfermedades graves incidirían especialmente en grupos de personas mayores. Además, el aumento de horas al sol como consecuencia de los cambios en el estilo de vida de la sociedad moderna y por el continuo deterioro de la capa de ozono tendrán un efecto devastador. A todo esto se sumará la radiación adquirida por el uso y abuso de dispositivos de bronceado, como las cámaras solares, de sobra conocidas por su importancia en la aparición del cáncer de piel. El aumento de radiaciones solares durante el día, en particular los rayos ultravioletas, producen un daño acumulativo sobre el ADN de las células de la piel.

Junto a las alteraciones de la piel, la calidad del aire empeoraría y surgirían problemas de contaminación que afectarían de forma directa a la piel, los ojos y el aparato respiratorio. Por otro lado, las temperaturas altas, los cambios en precipitaciones y los cambios en la variabilidad del clima modificarían el ámbito geográfico y las estaciones del año, con un aumento extraordinario de horas al día expuestos a la luz solar. ¡Y resulta que estamos diciendo continuamente que evitemos el sol sin éxito en la actualidad! Asimismo, habrá aumento de la transmisión de enfermedades infecciosas a través de la piel, transmitidas a la sangre por mosquitos y garrapatas. Esto quiere decir que este incremento de temperatura aumentaría la incidencia de diversos tipos de enfermedades infecciosas, como: paludismo, dengue, encefalitis transmitida por mosquitos, enfermedad de Lyme, encefalitis producida por garrapatas, y otras infecciones transmitidas a través del agua y los alimentos.

Algunas medidas para paliar los efectos nocivos en la piel del cambio climático serán:

- Evitar la exposición al sol en las horas centrales del día (entre las doce y las cuatro de la tarde).
- Utilizar barreras físicas para que el sol no llegue a la piel: sombrillas, sombreros de ala ancha, camisetas.
- Aplicar en la piel fotoprotectores solares con filtros de protección UVA y UBV adecuados al tipo de piel de cada persona.
- Usar gafas de sol que absorban el 100 por ciento de rayos UVA.
- Adecuar las medidas al lugar donde uno se encuentre: montaña, playa, etcétera.
- Beber abundante agua para evitar deshidratación.
- Protegerse también en días nublados.

CAPÍTULO X

El paciente pregunta y el médico responde

¿El acné es contagioso?

En absoluto. No se contagia ni siquiera por contacto directo.

¿Es posible sospechar que un niño va a sufrir problemas de acné?

Por su base genética, cuando uno de los progenitores ha tenido acné severo o, peor, los dos, lo más probable es que el niño pueda presentar una tendencia a padecer esta enfermedad.

¿Es verdad que aparece más en mujeres que en hombres?

No. Se da en ambos sexos por igual, pero en los hombres es más precoz y las cicatrices más severas, mientras que en las mujeres es más leve pero tardío e insidioso.

¿Al final del ciclo menstrual aparecen más granos?

En la segunda mitad del ciclo menstrual, o sea, dentro de las dos semanas anteriores a la menstruación, el acné empeora por los cambios hormonales premenstruales.

¿El sol puede secar los granos?

Tomar el sol con la intención de mejorar el acné es un error. El exceso de sol puede incrementar la producción de grasa y la pigmentación de las cicatrices. Si vas a tomar el sol o estar al aire libre, asegúrate de usar un protector solar no comedogénico tipo gel.

¿La falta de higiene produce acné?

Tener acné no significa falta de higiene, ya que no se produce por suciedad. Debe realizarse una higiene específica. Cuidado con los lavados repetidos con jabones agresivos, irritantes o muy perfumados, que pueden favorecer su aparición.

¿Hay cosméticos que causan acné?

Sí. Hay cosméticos que contienen ingredientes que pueden causar un brote de acné; por ejemplo, las cremas con vaselina o aceite mineral pueden obstruir los poros y causar brotes. Pero no hay ningún cosmético que cause acné severo que dure meses.

¿Sirve la limpieza de cutis?

Sólo se aconseja en casos de acné con múltiples comedones, siempre realizada por un profesional experto, ya que de forma inadecuada puede agravarlo. La esteticista es una buena colaboradora del dermatólogo en determinados casos de acné.

¿Se cura el acné?

Sí. En manos de un dermatólogo se puede conseguir la eliminación del acné de forma definitiva. Si se tiene paciencia y se realiza el tratamiento de forma correcta, el acné se puede tratar de forma eficaz y segura. El tratamiento no debe juzgarse hasta al menos pasados tres meses. Poco a poco, el acné va mejorando, y llega a desaparecer en más del 90 por ciento de los casos.

¿Hay alguna crema para quitar el acné?

No. Hay cremas que ayudan a controlarlo, pero no se conoce ninguna que lo elimine totalmente. Y cuanto más severo es el tipo de acné, más difícil es controlarlo sólo con cremas.

¿Sirve el mismo tratamiento para todos?

Nunca. Todo depende de cada caso en particular. Para las lesiones no inflamatorias (puntos negros y microquistes), generalmente se recomiendan preparaciones tópicas. Para las lesiones inflamatorias (pústulas y quistes), se indican medicamentos tópicos y orales. Y para los casos nódulo-quísticos, isotretinoína por vía oral.

¿El tratamiento es corto o largo?

Puede durar meses o años. El tratamiento es un proceso continuo y se basa en quitar las lesiones actuales y prevenir otras nuevas. Además, las señales o cicatrices que han dejado deberán también tratarse. Por tanto, la mejora lleva tiempo.

¿Las cicatrices se van con el tiempo? ¿Se pueden prevenir?

Las cicatrices generalmente resultan de los nódulos o quistes, que son la forma más severa del acné. Hay cicatrices leves, las manchas rojas oscuras sobre la piel, que quedan después de que las lesiones se han curado. Esto se debe a una hiperpigmentación posinflamatoria, y acabarán desapareciendo, a pesar de que en ciertas personas el proceso pueda prolongarse hasta 12 meses o más.

¿Cómo puedo evitar las cicatrices del acné?

Primero, no manipulando ni apretando las lesiones. Al pellizcarlas, corres mayor riesgo de infección o de tener una cicatriz más visible. En segundo lugar, tratándolas a tiempo. Es importante tratar el acné severo, ya que éste deja cicatrices marcadas difíciles de mejorar y casi imposibles de corregir.

Tengo vitíligo, estoy embarazada y me gustaría saber si mi hijo lo puede heredar.

Como ya hemos dicho, el vitíligo es una enfermedad de la piel de origen desconocido que aparece como manchas blancas debido a la pérdida del pigmento de la piel. Afecta a 2 de cada 100 personas y en 1 caso de cada 5 aparece un familiar directo con el mismo problema. Por tanto sí es una enfermedad que se pueda heredar, pero no con la misma intensidad que la presenten los progenitores.

¿Cuáles son los beneficios de los productos autobronceadores?

Con los productos autobronceadores, tu bronceado aparece vía un simple y no tóxico mecanismo cosmético. Estos productos son seguros y de fácil uso, y previenen los daños cutáneos causados por la exposición solar. Puedes usar autobronceadores dos o tres veces por semana para hacer crecer un tono dorado sin riesgo de dañar tu piel.

¿Los autobronceadores provocan puntos negros?

No. Los autobronceadores no provocan puntos negros, pero si ya los tienes, aplicar un autobronceador puede hacerlos más visibles. Los puntos negros aparecen debido a la acumulación de queratina y sébum; un autobronceador tiñe la queratina, haciendo más visible el punto negro. Mi consejo: aplica un producto limpiador o un exfoliante para cerrar los poros dilatados antes de aplicar el autobronceador.

¿Los autobronceadores previenen el «verdadero» bronceado del sol?

No, en absoluto, porque los autobronceadores son productos sin protección solar. Si vas a tomar el sol, es conveniente usar un producto autobronceador, el cual puede ser aplicado sobre tu «falso» bronceado sin ningún problema. Elige siempre una protección solar especialmente diseñada para tu tipo de piel y para las condiciones de exposición solar.

¿Tengo que preparar mi piel antes de aplicar un autobronceador?

Se recomienda exfoliar la piel antes de aplicar el autobronceador para eliminar las células muertas. De este modo, el bronceado será más uniforme. También puedes mejorar la luminosidad de tu aspecto llevando una dieta rica en caroteno y licopeno: opta por tomates, zanahorias, espinacas y albaricoques para potenciar la asimilación de caroteno y licopeno. La comida sana es buena para tu aspecto.

Dermatitis atópica, ¿qué puedo hacer para prevenirla y tratarla?

A pesar de tratarse de un trastorno de posible larga evolución, las siguientes recomendaciones pueden ayudarle en el control de la enfermedad.

Se tratará de mantener una buena hidratación de la misma y evitar algunos irritantes, para lo cual es aconsejable que:

• Evite baños prolongados (no más de 5-10 minutos).

- Utilice jabones de avena o parafina.
- Emplee aceites de baño que se pueden incorporar al agua o aplicar sobre la piel todavía húmeda tras el mismo.
- Aplique crema hidratante sobre la piel en la cantidad y con la frecuencia necesarias para que permanezca bien hidratada.
- Evite las prendas de lana y de fibra, siendo preferible emplear el algodón, sobre todo en aquellas que estén en contacto directo con la piel. Se debe procurar no abrigar en exceso al niño y no ponerle ropa ajustada.
- Procure mantener las uñas del niño cortas y limpias para evitar así las heridas y las infecciones provocadas por el rascado.

Si creo que tengo psoriasis, ¿qué puedo hacer?

Ocuparse de la psoriasis, sin preocuparse ni despreocuparse. Consultar con un especialista de la piel (dermatólogo), establecer el diagnóstico e informarse adecuadamente. Planear con el dermatólogo un plan de tratamiento, con revisiones periódicas. Es importante no automedicarse y no recurrir a tratamientos dudosos que podrían llevar a empeorarla. Los tratamientos son largos y debe mantenerse la constancia. Unirse a una asociación de afectados.

¿Es grave la psoriasis?

En la mayor parte de los casos, no. La mayoría de los pacientes se pueden tratar en ambulatorio y otros no requieren tratamiento. En algunos

casos pueden producirse formas graves de psoriasis que requieren el ingreso en un centro hospitalario temporalmente. Se estima que de un 5 a un
10 por ciento de los afectados desarrollan artritis
psoriásica que debe tratarse específicamente con
un especialista (reumatólogo).

Las cremas ¿quitan las arrugas?
    No. La arruga se origina en las capas más pro-
fundas de la piel, donde no llegan los efectos de
las cremas; pero sí hidratan y mantienen la piel en
buen estado para retrasar otras arrugas nuevas.

¿Es verdad que con la toxina botulínica podemos eliminar el sudor de manos y axilas?

Sí, pero no de forma permanente. El efecto dura entre 6 y 9 meses y no existen efectos secundarios.

Un peeling *facial ¿puede quitar arrugas y mejorar la flacidez de la piel?*

Depende del tipo de *peeling* que se realice:

a) Superficial, mejora arrugas finas y algunas manchas. No mejora la flacidez.

b) Medio, mejora las arrugas superficiales y lesiones pigmentadas.

c) Profundo (químico), mejora las arrugas más marcadas y la flacidez de la piel.

Epílogo

Este libro no pretende en absoluto ser un tratado científico. Simplemente quiere ser divulgativo. Es más, está escrito a conciencia en un lenguaje llano, fácil de entender y huyendo absolutamente de los tecnicismos, intentando hacer comentarios y no dogmas.

El tiempo que he disfrutado en su redacción espero que sea de provecho para el que tenga a bien dedicar algunas horas a su lectura.

Para mí ha sido un honor poder mostrarles, en este modesto homenaje, un órgano fascinante de nuestro cuerpo al que he dedicado toda mi vida: la piel.